北大版新一代对外汉语教材·商务汉语教程系列

新汉语经济新闻阅读教程（上）
——高级篇

王惠玲　王惠成　编　著

图书在版编目(CIP)数据

新汉语经济新闻阅读教程.高级篇(上)/王惠玲等编著.—北京:北京大学出版社,2004.9
(北大版新一代对外汉语教材·商务汉语教程系列)
ISBN 7-301-07584-7

Ⅰ.新…　Ⅱ.王…　Ⅲ.汉语-阅读教学-对外汉语教学-教材　Ⅳ.H195.4

中国版本图书馆 CIP 数据核字(2004)第 061934 号

书　　　名:新汉语经济新闻阅读教程——高级篇(上)
著作责任者:王惠玲　王惠成　编著
责　任　编　辑:邓晓霞　沈浦娜
标　准　书　号:ISBN 7-301-07584-7/H·1051
出　版　者:北京大学出版社
地　　　址:北京市海淀区中关村北京大学校内　100871
网　　　址:http://cbs.pku.edu.cn　电子信箱:zpup@pup.pku.edu.cn
电　　　话:邮购部 62752015　发行部 58874083　编辑部 62753334
排　版　者:兴盛达激光照排中心　82715400
印　刷　者:北京中科印刷有限公司
发　行　者:北京大学出版社
经　销　者:新华书店
　　　　　　787 毫米×1092 毫米　16 开本　14 印张　358 千字
　　　　　　2004 年 9 月第 1 版　2006 年 2 月第 2 次印刷
定　　　价:35.00 元

未经许可,不得以任何方式复制或抄袭本书之部分或全部内容。
版权所有,翻版必究

目　录

前言 ·· 1

第一课　北京首旅打造全国最大旅游集团 ··· 1
　　新闻阅读　上千家"老字号"面临生存挑战
　　　　　　　——中国"老字号"的兴衰 ·· 12

第二课　世博会将为上海留下什么？·· 15
　　新闻阅读　来中国的好时机
　　　　　　　——访国际展览局秘书长洛斯塞塔莱斯 ······························ 26

第三课　别让"洋品牌"把我们淹没了！·· 29
　　新闻阅读　中华轿车冠名"感动中国"人物评选活动 ··························· 40

第四课　困境与突破：如何看待我国当前就业形势 ··································· 43
　　新闻阅读　我国采取多项措施保障今年就业目标实现 ························· 51

第五课　来上海寻"饭碗"的老外
　　　　　——一位美国人在沪求职的故事和思考 ·································· 55
　　新闻阅读　老外钟爱中国职业"派司" ·· 65
　　　　　　　上海吸引力越来越大，三万"洋打工"云集沪上 ················· 66

第六课　外贸零售业新规出炉，本土企业何以应对 ·································· 69
　　新闻阅读　商业全面开放，
　　　　　　　外商投资国际各大巨头对战中国 ······································ 77

第七课　"外来股民"喜欢中国股市 ··· 81
　　新闻阅读　日本年轻人看好中国经济，热买中国股票 ························· 92

第八课　长三角：世界第六大都市圈的诱惑 …………………………… 95
　　新闻阅读　长三角：距离正在缩小 …………………………………… 106

第九课　面对来势凶猛的外资企业，中国房地产商：
　　　　我们并不畏惧竞争！ …………………………………………… 111
　　新闻阅读　海外资本进军北京房地产市场提速？ …………………… 122

第十课　温州企业掀起"整合潮流"突破传统民企运作模式 ………… 127
　　新闻阅读　温州：打造国际性轻工城 ………………………………… 138

部分练习参考答案 …………………………………………………………… 145
综合练习（一） ……………………………………………………………… 175
综合练习（二） ……………………………………………………………… 181
生词总汇 ……………………………………………………………………… 187
附录一　外商投资法律法规介绍 …………………………………………… 195
附录二　相关网站推荐 ……………………………………………………… 206

前　　言

　　中国经济是来华留学生极为关注的一个方面，而经济新闻正是以动态的形式传递着最新的经济信息。为帮助留学生熟悉、掌握一些相关的汉语经济新闻词语和常识，使留学生能从各种汉语媒体上及时了解中国经济的现状，进一步熟悉当代中国，特编写本《新汉语经济新闻阅读教程》(下简称《教程》)。

　　为充分体现经济新闻的时效性，《教程》所选稿件均为近年来刊登、发布在国内各主流媒体的报道、评论等文章，为适合教学需要，略作节选。

　　《教程》所选稿件从不同的侧面反映了中国的经济现状，如旅游业、房地产业、汽车制造业、中国就业形势、零售业、证券业以及上海世博会、"长三角"、民营企业等经济现象，力求具有较强的新闻性和可读性，从提高留学生阅读经济新闻的能力着手，通过浅入深出的教学方法，达到扩大留学生汉语学习范围的目的。

　　《教程》分上下两册，适用于中、高级语言生和对外汉语专业本科、硕士课程。

　　考虑到留学生学习周期的特点，《教程》设课文10篇，可供一个学期使用。《教程》另设综合练习、生词语总汇、练习答案等。

　　结合新闻报道，编写了背景分析、相关链接、相关资料等内容，对课文加以解释或补充说明。

　　另外，《教程》注重词语的实用性，对一些离合词或词组不作详细的语法结构分析，而是结合基本特性及实际用途注明词性，如"挂牌"、"洗牌"，《教程》就注明为动词，其含义是"**起动词作用**"，这样便于留学生理解、掌握，更重要的是在于学会使用。

　　为帮助留学生区分一些近义词和相似词的意思及使用方法，《教程》结合课文内容，对一些词语进行词语辨析，如"借助"与"帮助"，"相当"与"相当于"等。

　　为帮助留学生全面提高汉语阅读理解能力，《教程》结合课文内容及HSK考题类型配设了大量的练习。练习形式有判断、选择、词语替代、句子排列、词语搭配、词语选择、造句、简答问题等。《教程》同时编写了详细的练习参考答案,供留学生自学所用。

为扩大留学生的阅读范围,加深对课文的理解和掌握,在每篇课文后还专门配有《新闻阅读》。

本《教程》的附录摘编了部分中国政府关于外国人在中国就业、外商投资的法律法规,选录了一些中国政府机构、新闻媒体、经济信息、求职就业以及知名企业等方面的网址,以便于留学生进一步扩大了解中国经济的视野。

为配合本《教程》的教学使用,我们还编写了《新汉语经济词汇手册》。《手册》选编了近年来在汉语媒体上报道经济新闻时常用的各类新词语,并根据需要作了释义和例示,供留学生作查阅、参考。

本《教程》所选用的课文及相关资料、数据等来源于新华网、人民网、中国经济网等媒体,在此,谨对各稿件来源媒体及相关部门、撰稿者一并致谢。

鉴于编写仓促,水平有限,难免有舛谬之处,敬请指正。

编　者

二〇〇四年六月

于上海财经大学

第一课

北京首旅打造全国最大旅游集团

4月17日,北京市政府正式对外宣布,批准北京新燕莎控股(集团)有限责任公司和北京全聚德集团有限责任公司的国家所有权益11.72亿元资产整体划入北京首都旅游集团有限责任公司。合并重组后的企业名称仍为北京首都旅游集团有限责任公司,其控制的总资产将超过150亿元,年经营收入总额近100亿元,年实现利润超过6亿元,主要经济指标均居全国旅游企业集团的前列。

三家企业原来都是国有独资公司,是北京旅游产业的支撑企业。合并重组后,原来企业的著名商标字号作为品牌予以保留。新首旅集团的董事长仍为原首旅集团董事长段强,新燕莎集团董事长韩景泉任新首旅集团的副董事长,全聚德集团董事长姜俊贤任新首旅游集团的董事。

重组后的首都旅游集团公司仍为北京市人民政府出资的国有独资公司,北京市国资委依法履行出资人职责。"这次合并重组是以首旅集团的国有资产为核心,不是简单的平行合作。"段强说。

构建旅游服务产业链

段强称,三家企业资产合并重组后,首旅集团将以产业化发展思路,完善和延伸"吃、住、行、游、购、娱"六大要素产业链。按照这种思路,首旅集团将对现有经营资源中与旅游主业相关的饭店业、旅行社业、餐饮业、汽车服务业、旅游商业、景区景点业和会展业等七大板块,尽快进行关联性的业务整合,实现整体业务流程再造。同时,以具有竞争优势的经营品牌为支撑，分别实行相对独立的专业化经营和连锁化经营，经过短期经营运作，组建起围绕旅游主业的七大专业化公司。

此次合并重组后，首旅集团投资及管理的酒店总数超过100家；对旅行社总体而言，将形成以北京为中心、辐射全国及海外主要客源市场的接待体系，以中国康辉旅行社在全国80多家分支机构、神舟旅行社在北京地区80多个营销网点的基础上，完成旅游产业的有机衔接；餐饮业将发挥多家著名老字号的品牌效应和200多家连锁经营店的优势，汇集全聚德、仿膳、丰泽园、四川饭店、聚德华天和东来顺等企业组成餐饮集团；汽车服务业将按照规模化的发展思路，通过对首汽、友联经营资源的整合，形成拥有8000多辆运营企业和相对完善的汽车租赁、汽车销售、汽车修理和油料供应的综合服务体系；在旅游商业方面，首旅集团将突出燕莎品牌优势，针对国内外商务高端客户市场需求，结合现有经营资源的改造升级，开发建设高档旅游商务服务中心，并进一步整合燕莎友谊商城、贵友商厦、新燕莎金源购物中心、燕莎奥特莱斯购物中心和古玩城等旅游商业资源，建立高档旅游购物体系。

据透露，合并重组后的首旅集团将全面实施综合配套改革，进一步完善法人治理结构，调整董事会成员构成，外派董事和独立董事的比例将至少达到30%，集团将改变董事和经营班子成员高度重叠的状况，从而健全董事会四个专业委员会，提高董事会的决策水平。

三家企业的国有资产合并后，首旅集团将继续进行资产重组、业务整合、体制和机制的创新。"合并国有企业并不是以强化国有独资为目的，而是通过业务资源的整合，在规模化和专业化的基础上，引进国内和国际的战略合作伙伴，加快对下属实体的股份制改造，逐步使产权多元化。"段强说，"首都旅游集团的职能将逐步转到投融资和资源调配，构建要素完整、相互带动的旅游产业链。"

全聚德谋求上市

全聚德集团董事长姜俊贤表示，三家企业的合并重组为全聚德走向资本市场——上市创造了很好的环境和条件。他说，2002年，全聚德就做了相关准备工作，并向中国证监会提出了发行上市申请，但由于各种原因没有实现,当时证监会认为,全聚德的"盘子"偏小。"全聚德一定要实现上市的目标。"姜俊贤说。

此间分析人士认为,以首旅集团为核心的此次合并重组,丰富了首旅集团的经营内涵。在拥有上市公司首旅股份的情况下,首旅集团会不会借助此次合并重组,壮大自身规模和实力,以谋求未来的整体上市呢?对此,段强的回答是,"现在还没有考虑整体上市的问题,但将来不排除这种可能性。"他同时透露,在未来合适的时候,在首旅集团层面也可能考虑引进国内外战略投资者,但目前的最重要的任务是首旅集团自身要"强身健体"。

国际前十名的旅游企业拥有的酒店数量都在几千家,而中国企业最多的也不过拥有百家左右。"按照中国加入WTO的承诺,国际旅游服务业大举进入中国已成态势,目前国际大型饭店集团几乎都已经进入中国市场。这对中国旅游服务企业是一个重大的挑战。中国旅游服务企业亟待做强做大。"段强说。这位新首旅集团的掌门人对中国旅游业面临的危机有自己的观点,他说,旅游服务和产品是针对"人"的,中国人需要中国人的服务,相对于外国企业,中国企业更了解中国人的需要,中国旅游服务企业应该充分发挥这一优势。

人民网(2004.04.19)　来源:《国际金融报》作者:李峻

背 景 分 析

为了应对"入世"后外商企业的大举进入,中国的各行各业都在做着积极的准备。商家们意识到,要继续成为市场的主人,必须改变思想观念、强化竞争意识、调整经营结构、发挥本土优势,只有这样,才能在激烈的中外商家鏖战中处于不败之地。中国的商业企业普遍存在规模小、实力弱的不足,显然无法与财大气粗的外商抗衡。于是,"做大,做强"成了内资企业的当务之急。目前不少的内资企业正在通过"联手合力,优势互补"来扩大规模、增强实力,以达到抗御外商、占领市场的目的。新首旅集团的合并重组就是一个典型的例子。另据报道,上海组建了中国目前最大的百货集团之一——百联集团,著名的上海第一百货和华联集团都是该集团的成员。

相关链接

据中国旅游网消息,中华人民共和国国家旅游局和中华人民共和国商务部于 2003 年 6 月 12 日公布了《设立外商控股、外商独资旅行社暂行规定》。《规定》适用于"在中国有关入世承诺规定期限之前的过渡期内在中华人民共和国境内设立的外商控股或外商独资的旅行社"。《规定》明确:"符合条件的境外投资方可在经国务院批准的国家旅游度假区及北京、上海、广州、深圳、西安 5 个城市设立控股或独资旅行社。"

相关资料

据新华网消息,中国旅游总收入已连续 7 年以年两位数的速度增长,中国的国内旅游已成为世界最具潜力的旅游市场。

中国改革开放 26 年来,已累计接待入境旅游者 10 亿人次,年均增长 20%;累计旅游外汇收入 1643 亿美元,年均增长 21%,尤其是 1989 年以来的 15 年间,中国累计接待入境旅游者 8.6 亿人次,占 26 年来总人数的 86%,累计外汇收入 1524 亿美元,占总收入的 93%。

2002 年,中国入境旅游的过夜者和旅游外汇收入同时居世界第五位,旅游总收入达 5566 亿人民币,占当年 GDP 的 5.44%。

据报道,中国目前有旅行社约 9000 家,有少量合资旅行社,但尚未有外商控股或外商独资的旅行社。

1. 首旅 shǒulǚ 缩略语

北京首都旅游集团有限责任公司。

2. 打造 dǎzào 动词

锤打、铸造。比喻对事物(如品牌、产品)进行精心、长期的研究、设计和制造。

3. 重组 chóngzǔ 动词

企业根据资产、经营等情况和发展需要而重新进行组合。

4. 年 nián 数量词

一年、每年。

5. 支撑 zhīchēng 名、动词

抵抗住压力,使物体不倒塌(的力量)。

6. 履行 lǚxíng 动词

对合同、协约、承诺、责任等的执行。

7. 要素 yàosù 名词

事物主要的、重要的元素、部分、成份等。

8. 整合 zhěnghé 动词

根据需要,对事物进行调整(整顿)合并。

9. 流程 liúchéng 名词

预先设定好的工作、生产、经营等进行过程。

10. 再造 zàizào 动词

重新建立、制造。

11. 衔接 xiánjiē 动词

相关的事物进行连接。

12. 老字号 lǎozìhào 名词

通常指一些具有多年历史的、人们所熟知的商店、企业或品牌。

13. 租赁 zūlìn 动词

租用、租借。

14. 升级 shēngjí 动词

使事物的水平、等级、质量、层次等明显比以前提高。

15. 古玩 gǔwán 名词

泛指古代留下的可供玩赏的器物。

16. 法人 fǎrén 名词

具有独立承担法律责任能力的团体、组织。

17. 班子 bānzi 名词

有几个相关人员组成的领导或工作集体。

18. 重叠 chóngdié 动词

同类的东西相加在一起。

19. 健全 jiànquán 形容词、动词

完善;使制度、规定等齐全、完整。

20. 强化 qiánghuà 动词

使行为目的(如管理)得到进一步加强。

21. 独资 dúzī 形容词

单一投资方的投资。

22. 下属 xiàshǔ 名词

处于被领导位置的团体或个人。也可作动词,即"所领导、所管辖"。

23. 调配 tiáopèi 动词

对事物进行调整(节)、分配。

24. 上市 shàngshì 动词

经有关部门核准后,企业的资本进入证券市场进行交易。

25. 盘子 pánzi 名词

比喻企业的资产、规模等总量。

26. 内涵 nèihán 名词

存在于事物内部的、固有的本质意识、属性。

27. 借助 jièzhù 动词

通过借用其他的机会、力量等来帮助自己达到目的。

28. 谋求 móuqiú 动词

想方设法寻找(解决问题、达到目的的办法或途径)。

29. 亟待 jídài 副词

非常急迫地。

30. 掌门人 zhǎngménrén 名词

比喻一个团体、组织中的最主要负责人。

31. 鏖战 áozhàn 名词

激烈的战斗。

32. 财大气粗 cái dà qì cū 形容词

形容有钱,资金雄厚,说话、做事有气势。

33. 当务之急 dāng wù zhī jí

务:事情。当前急切要办的事情。

新 闻 词 语

据悉、获悉、透露、披露

1. 相同之处：

"据悉、获悉、透露、披露"均为动词，常用于新闻报道，都是用来引出消息内容。

2. 不同之处：

① 用处不同

"据悉、获悉"常用于对公开的、比较容易得到的消息的报道；"透露、披露"常用于对内部的、不太容易得到的消息的报道。

② 用法不同

"据悉"一般单独用在消息的前面，如"据悉，建成后的亚洲公路网全长超过14万公里"。"据悉"前面可加"另、又"等字，但一般不能加名词性词语，如不能说"记者据悉"。

"获悉"不能单独使用，应与其他名词性词语组成句子，如"记者(最近从有关方面)获悉"。

"透露、披露"前面一般加"据、经、被"等字或其他名词性词语组成句子，如"据透露"、"经披露"、"知情人士披露"等。

词 语 辨 析

1. 重叠、重复

"重叠"是同类的东西相加在一起，主要作动词、形容词用，如"重叠在一起"、"机构重叠"。

"重复"是同一样东西或同一种做法不止一次的出现，主要作动词、副词用，如"请再重复一次"、"重复说了好几次"。

2. 履行、执行

"履行"和"执行"都是动词。

"履行"指实现自己承诺做到的事情、应该做的事或必须承担的责任，如兑现合同条款、办理相关手续、落实工作职责等，如"我必须履行我的诺言"；

"执行"指相关部门按照政策、法律、命令、计划、判决等所作出的规定办事，如"公务员在执行公务时应严格按照国家的政策法规办事"。

3. 借助、帮助

"借助"和"帮助"都是动词。

"借助"是指自己主动借用别人或其他事物的力量来达到自己的目的，如"北京将借助2008奥运会大大提升城市综合实力"；

"帮助"是指一方给与另一方或互相给与物质、精神、方法等方面的支援，如"非典时期,中国得到了世界各国所给予的帮助"。

4. 亟待、等待

"亟待"是副词,表示一种急迫的程度,含有"马上、立即"或"刻不容缓、迫在眉睫"的意思,如"进一步提高公民的公共卫生意识是一个亟待解决的问题"。

"等待"是动词,被动地希望人、事、机会、现象的出现,如"今年的HSK考试已经结束,我只能等待明年了"。

5. 谋求、追求

"谋求"和"追求"都是动词,也都是一种主动的行为。

"谋求"是指想方设法寻找解决问题或达到目的的办法、途径,如"我们谋求通过和平的途径来解决国际间的争端"。

"追求"是指一种对目标、理想充满渴望并想努力达到的行为,如"每一个人都有追求属于自己的幸福的权利"。

练 习

一、阅读理解练习

根据报道内容判断下列说法正确(✓),还是错误(✗),如果错误,请说明理由:

1. 尽管名称没有改变,但重组后的新首旅已经不是原来的首旅了。（　）
2. 三家企业重组后,对外仍将使用各自原来的名称。（　）
3. 合并重组并不是简单地将三个企业的资产集中在一起。（　）
4. 合并重组后的新首旅改变了原来单一的资产性质。（　）
5. 旅游业主要包括"吃、住、行、游、购、娱"等方面。（　）
6. 新首旅是一个集饭店业、旅行社业、餐饮业、汽车服务业、旅游商业、景区景点业和会展业等为一体的大型旅游产业集团。（　）
7. 由于集团规模增大了,所以新首旅的经营班子将进一步扩大。（　）
8. 全聚德至今没能上市,是因为规模比较小。（　）
9. 新首旅不会整体上市,也不会改变其国有独资的企业性质。（　）
10. 因为几乎所有的国际大型饭店集团都已进入中国市场,所以国内的旅游企业已经没有什么发展优势可言了。（　）

二、词语替代练习

在不改变原意的前提下,用所给的词语改写下列句子:

1. 支撑

随着中国经济体制改革的不断深入,非公有制经济所起的作用越来越大,成了国民经济中不可缺少的一部分。

2. 履行

作为签订合同的双方,我们都必须严格按照合同所规定的条款去做,你们单方面半途终止合同是要承担违约责任的。

3. 要素

凡是喜欢摄影的人都知道,要拍出一张满意的照片,必须掌握好光圈、速度和距离这三个最重要方面之间的关系。

4. 衔接

中国再一次实现了火车的全面提速。火车提速是一项复杂的系统工程,需要许多方面的密切配合,任何一个环节稍有不慎都有可能导致提速失败。

5. 升级

商家为树立良好的企业形象,提高了硬、软件设施的等级。如今当你进入一些大型市场时,会有一种回家的感觉,既舒适,又温馨。

6. 重叠

这两个会议在同一个时间举行,我该去参加哪一个会议呢?

7. 借助

为了增强市场竞争力,我们将在学习国内外著名企业的成功经验的基础上,结合自己的具体情况来实现对企业的改造。

8. 亟待

外商企业兵临城下,而且都是兵强马壮,而内资企业本来就势单力薄,再单打独斗必将一败涂地。所以迫在眉睫的事是如何尽快组织起千军万马,以应对外商的挑战。

9. 谋求

不少中小型国有企业为了避免破产的命运,不约而同地都采取了联手合力、优势互补、共同抗击风险的做法,对企业进行合并重组,增强企业的生存能力。

10. 不排除

中国政府一贯致力于通过和平的方式来解决台湾问题,但如果台湾当局顽固坚持"两个中国"、"一中一台"或其他分裂中国的立场,中国政府也可能采取其他的解决形式。

三、句子排列练习

根据你的理解,将下列句子进行排列,如 ADBC:

1. A. 经北京市政府批准
   B. 支撑着北京的旅游产业
   C. 这三家企业占有很大的北京旅游市场份额
   D. 北京的三家旅游企业实施了合并重组

2. A. 依旧由北京市国资委依法履行出资人的职责
   B. 但新首旅国有独资的性质并没有改变
   C. 三家企业都是国有独资公司
   D. 尽管实行了合并重组

3. A. 组建起七大专业公司
   B. 按照完善和延伸旅游"六大要素"产业链的思路
   C. 并以具有竞争优势的经营品牌为支撑
   D. 新首旅将尽快进行关联性业务的整合

4. A. 通过调整和强化功能等手段
   B. 新首旅将全面实施配套改革
   C. 提高董事会的决策水平
   D. 为完善法人治理机构

5. A. 不然的话
   B. 当务之急是做大做强国内的旅游服务企业
   C. 面对国际大型饭店的大举进入
   D. 将有可能出现"大鱼吃小鱼"的局面

四、词语搭配练习

根据你的理解,将下列两组词语进行搭配,如 Ah、Gc:

| A 履行 | B 位居 | C 予以 | D 整合 | E 再造 | F 升级 |
| G 重叠 | H 下属 | I 内涵 | J 亟待 | K 借助 | L 健全 |

| a 改进 | b 换代 | c 资源 | d 丰富 | e 外力 | f 现象 |
| g 表扬 | h 承诺 | i 部门 | j 前列 | k 辉煌 | l 机构 |

五、词语选择练习

选择适当的词语填入空格内:

1. 重叠、重复、重新
   A. 跌到了不要紧,爬起来_____开始。
   B. 由于太阳直射的缘故,到中午时分,人的身体几乎与影子_____了。

C. 这个词语老师已经_____解释过好几次了,你还不明白吗?

2. 谋求、追求、要求
   A. 我们应该为_____世界和平而共同努力。
   B. 学校_____同学们自觉遵守考勤制度,不随意缺课。
   C. _____时尚是年轻人的一个特点。

3. 强化、强大、强壮
   A. 为了更好的工作,我们需要有一个_____的体魄。
   B. 实力_____的中国乒乓球队再次囊括了世锦赛的全部七项冠军。
   C. 进一步_____管理机制,维护正常的市场竞争秩序。

4. 亟待、等待、期待
   A. 遏制恐怖行动的进一步蔓延是一个_____全球共同解决的问题。
   B. 我们_____2010年世博会能为上海带来更多的机遇。
   C. 为了香港的回归,中国人民已经_____一百多年了。

5. 流程、过程、进程
   A. 上海正在加快城市化_____的步伐。
   B. 处理这件事需要有一个_____,不可能马上结束。
   C. 设计一个合理的、精确的工艺_____是确保产品质量的重要环节。

6. 履行、执行、实行
   A. 为方便企业办事,工商、税务等部门_____一条龙服务。
   B. _____合同是每一个合同签订人的法律责任。
   C. 交警部门开始_____新颁布的《中华人民共和国道路交通法》的有关规定。

7. 借助、帮助、协助
   A. 是你_____我度过了最困难的时候,我衷心地感谢你。
   B. 中国将_____申奥、申博成功的大好机遇,进一步增强中华民族的凝聚力。
   C. 我们对贵公司进行消防设施检查,请贵公司大力_____为荷。

六、造句练习

用所给的词语写一段意思完整的句子:

> 履行　衔接　重叠　借助　亟待　不排除

七、阅读会话练习

根据报道内容简答下列问题:

1. 北京三家旅游企业的合并重组将会出现一个什么样的局面?

2. 为什么要保留三家企业原来的商标字号?
3. 与新首旅集团经营资源相关的产业板块有哪些?
4. 新首旅集团中有哪些重要的品牌企业?
5. 三家国有企业的合并重组的目的是什么?
6. 为什么新首旅集团还不考虑整体上市的问题?
7. 既然中国旅游业面临危机,为什么段强又认为中国旅游服务企业具有优势?

新闻阅读

上千家"老字号"面临生存挑战

——中国"老字号"的兴衰

"头戴马聚源,脚踏内联升,身披瑞蚨祥……"这段顺口溜描述的一度是北京人理想的富裕生活,其中提及的都是久负盛名的制作帽鞋衣物的"老字号"。然而,曾经辉煌的"老字号"们在新世纪正面临巨大的生存挑战。

据统计,新中国成立初期,中国有1万多家"老字号"企业。1993年以来,国家有关部门又确认了1600多家"中华老字号"。但现在勉强维持现状的占70%;长期亏损、面临倒闭、破产的占20%;生产经营有一定规模、效益好的只有10%左右。

"'老字号'面临的最大难题是体制束缚。"北京新燕莎集团副总经理刘小虹在日前召开的"老字号企业创新发展"座谈会上说。新燕莎集团旗下包括仿膳饭庄、丰泽园、普兰德洗染公司等数家"老字号"企业。

新中国成立后,此前创建的"老字号"企业先后经历公私合营并实现国有化。几十年计划经济体制的管理弊端对大多数"老字号"企业的运营产生了不良影响,使"老字号"失去了自我生存和发展的条件。

聚德华天控股有限公司旗下拥有北京现存最早餐馆之一、430多年历史的"柳泉居"。这家公司一度也面临店铺被拆迁、体制不适应时代等问题,"我们对鸿宾楼、又一顺、同春园等'老字号'企业进行改制,职工参股、入股,采取新的用工办法和激励机制,使'老字号'重焕生机。"公司副总经理贾飞跃说。

今年4月17日,首旅集团、新燕莎集团、全聚德集团正式宣布合并重组。企业的著名商标字号则作为品牌予以保留。这不仅形成了总资产将超过150亿元的集团,并组成一条完整的旅游产业链,也为"老字号"企业的发展拓展了空间。

"要使'老字号'在中国加入世界贸易组织后'不出国门的国际竞争'中生存发展,必须改变其体制,改变'老字号'国有独资、一股独大的状态,建立和完善现代企业制度。"商务部副部长张志刚说。

"人才流失是'老字号'面临的直接威胁,"北京中国照相馆有限责任公司经理孙秀珍说。西安饮食服务(集团)股份有限公司总经理王一萌则认为:"'老字号'最大的包袱在于观念。"

刘小虹说,由于"老字号"企业职工的文化水平普遍较低,又由于用人机制、分配机制的不合理,优秀技术人才"进不来,流出去",这严重影响到"老字号"企业的发展。她表示,"老字号"企业应引进先进管理理念、管理机制和管理方法;利用品牌价值拓宽产品和服务领域;发展连锁经营等现代营销方式,使"老字号"在创新中不断发展。

这些努力能得到年轻消费者的认同吗?

"其实我们年轻人也喜欢这些有丰富文化内涵的'老字号'店铺,只要这些企业能再灵活一些,产品更时尚一些,服务更完善一些,我还是乐意多逛逛这些老店。"在熙熙攘攘的北京王府井,来自山西的游客孙小姐这样说道。

人民网 (2004.06.11) 来源:《市场报》 作者:廖雷

生　词

1. 瑞蚨祥 Ruìfúxiáng 名词

   北京传统商号的名称,"马聚源"、"内联升"也是商号名称。

2. 顺口溜 shùnkǒuliū 名词

一种老百姓喜闻乐见的民间文学形式,便于创作,流传广、快。

3. 久负盛名 jiǔ fù shèng míng

很久以前就具有很好的名气。

4. 确认 quèrèn 动词

确定、认可。

5. 旗下 qíxià 名词

比喻属于自己领导、指挥、管理的机构、部门等。

6. 数家 shùjiā 数量词

不止一家,好几家。这里的"数"是几个的意思。

7. 公私合营 gōngsī héyíng

新中国成立初期对民族资本进行改造的一种形式。

8. 弊端 bìduān 名词

通常指制度、方法等所存在的缺点或不足。

9. 改制 gǎizhì 动词

改变原有的(经济等)制度。

10. 激励机制 jīlì jīzhì 名词

企业为鼓励员工努力工作而采取的奖励做法。

11. 重焕生机 chóng huàn shēngjī

重新显示出可以生存的能力。

12. 独大 dúdà 形容词

没有其他的人或事物存在或竞争,只有一个,独自为大。

13. 人才流失 réncái liúshī

具有一定本领或技术的人离开原有的企业到别处去工作。

14. 包袱 bāofu 名词

比喻所承担的压力、负担。

15. 熙熙攘攘 xīxī rǎngrǎng 成语

形容人来人往,非常热闹。

第二课

世博会将为上海留下什么？

1889年法国巴黎世博会建造的埃菲尔铁塔至今已成为法国和巴黎的象征；

1970年日本大阪世博会后形成了关西经济带；

2000年德国汉诺威世博会最终确立了汉诺威全球会展业龙头城市的地位。

世博会，总能给主办城市带来无法计算的后续效应。

然而，从历史看，世博会要想直接盈利并非易事。纵观世界世博历史，盈利、持平和亏损约各占三分之一。1992年西班牙塞维利亚世博会、1998年葡萄牙里斯本世博会和2000年德国汉诺威世博会都出现亏损，而1964年美国西雅图世博会和1970年日本大阪世博会则实现了盈利。

中国驻国际展览局代表、上海世博会事务协调局副局长周汉民在一次招商通气会上曾透露，上海世博会总投资将为30亿美元，其中约30%为政府支出，40%到50%为商业贷款，20%到30%从市场筹得，包括发行债券、文化彩票以及上市募捐。

2010年中国上海世博会又将如何让30亿美元的投资发挥"四两拨千斤"的作用，实现集聚乘数效应呢？为此，记者走访了各方专家学者。

建设期存量乘数效应

复旦大学世界经济研究所所长华民认为，30亿美元主要是用于直接投资，而"一元钱的直接投资可以拉动几元钱的延伸投资，这便是'存量乘数效应'。"

对于具体的硬件设施,一些专家掐着手指排出了清单:到2010年,上海将有两个国际机场,两个火车站,开辟近20条国际集装箱航线,通达160多个国家和地区的400多个港口;上海还将建成连接黄浦江两岸的7条隧道,6座大桥,以及内环、外环和交环三条环线,还将建成近400公里的轨道交通线和一批客运交通枢纽……但从目前情况看,这笔巨资恐难完全满足需要。记者从《世博会与上海新一轮发展》专题研究报告中了解到,2010年世博会3.4平方公里世博园区的建设总额便将达25亿美元。由此带动的交通、商业、旅游、旧区改造等延伸投资可能是直接投资的5至10倍,约需150亿美元至300亿美元。另外,由于相关规划方案的深化,世博会场地规模也可能在原有基础上有所扩大。世博会展区规划的黄浦江滨水区域属工厂和居民密集区,动拆迁成本正水涨船高。

国务院发展研究中心原上海发展研究所所长朱荣林教授则将投融资方面乘数效应进一步量化,他指出,30亿美元属直接用于园区建设的投资,通过与世博会有关的基础建设投资、国内社会投资和外商直接投资等方面因素,到2010年,其带动效应所产生的投资总额将达3600亿元左右。

举办期流量乘数效应

华民指出,世博会前期工程建设完后,进入经济运作期间,也可称为会展阶段,此时,30亿美元的直接投资还将产生一个流量的乘数效应。根据国际展览局的要求,世博会的场馆是一个相对封闭的场所,但是,由人气带来的经济爆发力却绝不仅仅只是存在于世博园内部。为此,流量乘数效应便会通过会展阶段对世博园内和世博园外的经济影响表现出来。专家从三个层面对世博园内的经济影响加以分析。第一个层面,参观者会因门票、餐饮、购物、游戏等有所花费;第二个层面,参展方并不在于参加这些活动能有多少实际利润,他们更看重的是他们的文化和公关价值;第三个层面,世博会对经济和贸易的成果的确无法在短期内得到适当的测量,但是却能为将来各方关系和贸易创造良好环境。

专家认为,会展经济系统投入获得的直接效应与世博会产生的波浪效应这两者之间产生的是一个"四两拨千斤"的作用。首先,世博会会产生一个时间上的波浪,即对未来的投资不是短期的,而是有长期效应;其次,世博会还会产生一个空间波浪,即对相关产业的推动,如旅游、餐饮、金融、演出、娱乐等。

记者从《世博会与上海新一轮研究发展》了解到,会展阶段"园外"的经济影响对整个经济发展的贡献更大,这种影响力和世博会对旅游业以及同旅游相关的产业具有巨大的刺激力息息相关。专家认为,大型博览会的举办,其最直接的收益者往往是该城市的旅游业。世博会具有旅游吸引体的功能,可以吸引大量国内外旅游者纷至沓来。根据预测,上海世博会的参观人数将超过7000万人次。此外,在7000万参观者中,预计将有30%至35%继续在华东地区游览,这意味着中国最为富庶的整个华东六省一市都将成为上海世博会的重要客源地,这些地区都将受到上海世博会直接的辐射和带动。华民称其为30亿美元的"溢出效应"。

上海世博会对旅游业的拉动效应还将延伸到与旅游业息息相关的服务业和商品零售业,为这些产业的经济增长带来了很大的空间。

总之,举办世博会将对一系列基础产业和第三产业的提升扩张以及经济和社会发展的方方面面产生重大的影响。

举办后后续乘数效应

拉动国民经济生产总值,增加城市功能,提升国际地位,提供了产业和技术以及文化与旅游交流的两个平台,促成人们精神层面的提升等,这些都是30亿美元的后续效应。

据悉,举办世博会对国民经济生产总值的拉动是奥运会的两倍。据统计,举办奥运会GTP增长有0.3%的拉动,而举办世博会则至少会有0.6%的拉动。上海市政府发展研究中心专题调研结果表明,未来六年将拉动上海国内生产总值平均每年增长2个百分点。

除了直接的辐射效应,30亿美元还能带来潜在的品牌效应。华民指出,30亿美元的投资,改变了上海的城市功能与世界地位,在原来的功能上面又增加了一个新的功能,即全球会展功能,世博会和上海联系在一起,上海的国际地位大幅度提升。

复旦大学社会学系胡守钧教授认为,世博会不仅让人们大开眼界,还能促成人们精神层面的提升，上海人将会因为举办世博会而变得更加文明，这就是30亿美元带来的文化效应，"世博会的举办将全力提升中国的国家精神、上海的城市精神和国民的道德素质。"胡守钧教授很有信心地表示。

就如大阪世博会后日本关西经济带和巴黎世博会后法国埃菲尔铁塔给相关行业带来的收益无穷一样，世博会同样会给上海带来持续的、无法计算的后续效益。上海世博会一旦举办成功，将成为"长三角"经济发展的新动力。

另据悉，根据2010年上海世博会的规划方案，世博会的一些场馆将永久地作为国际经济、文化、科技交流的场所。从这一角度而言，2010年上海世博会是一届永不谢幕的世博会。

新华网（2004.05.17） 来源：《国际金融报》

背 景 分 析

自世博会开始举办以来，中国曾多次参加世博会的展出，但从未能获得举办综合类的世博会的机会，这对拥有近世界四分之一人口的中国来说，不能不说是一个遗憾。2010上海世博会的申办成功圆了中国人民多年的梦。2010年的5月至10月期间，上海将举办首次由中国主办的综合类世博会。举办世博会是中国和上海综合实力极大提高的有力印证，同时也将进一步提升中国和上海的国际地位，这对正处在经济飞速发展时期的上海，乃至中国来说，无疑将是一次千载难逢的大好机遇。为此，中国政府和上海市政府都对举办这次世博会充满了信心，并付诸行动，积极开始了举办世博会的各项准备工作，要将上海世博会办成世博会史上最好、最成功的一次。资料表明，举办世博会能拉动举办城市和举办国相关产业经济的发展，产生巨大的"乘数效应"。对此，中国的一些专家学者对2010年上海世博会将产生的积极影响作了分析。

相 关 链 接

在2002年12月3日于摩纳哥举行的第132次国际展览局大会上，中国上海在有五个国家城市参加申办的竞争中取得成功,获得了2010年世博会的举办权。

2010年上海世博会场馆选址在上海的母亲河——黄浦江畔,占地约3.4平方公里。场馆设计汇集了多个世界著名建筑设计公司的设计方案精华,充分体现了上海这个国际大都市与时俱进的时代风貌和蓬勃向上的发展魅力。

2010上海世博会的主题是:城市,让生活更美好。

我们期待2010年的早日到来。届时,来自世界各地的贵客将云集上海。中国人民将展开双臂,以真诚和热情欢迎贵客的到来,为2010年上海世博会画上一个圆满的句号。

1999年,中国美丽的春城——云南昆明市曾成功举办了世界园艺博览会,

另据资料记载,在1915年举行的世博会上,中国名酒——贵州茅台酒获得了巴拿马金奖。

相 关 资 料

第一届世博会于1851年在英国的伦敦海德公园举行世博会,至今已有150多年的历史。

展览的形式分为综合注册类(即综合类)和认可类(即专业类)。注册类世博会间隔年限不得少于五年,期间可举办认可类世博会。

目前世博会有近90个的成员国。在注册类世博会的历史上,举办地多为发达国家,如英国、美国、比利时、葡萄牙、意大利、西班牙、德国、日本等国的城市。2010年上海世博会是第一次在发展中国家举办的综合类世博会。

1933年的美国芝加哥世博会推出博览会主题命名的做法,一直延续至今。

世博会的理念是:欢迎,沟通,展示,合作。

世博会也被称为"经济(科技)奥林匹克盛会"。

1. **世博会** shìbóhuì 缩略语

世界博览会。

2. 后续 hòuxù 名词

接着前面事物、现象所产生的延续部分。

3. 纵观 zòngguān 动词

纵：放纵，不受约束地。放开眼光，不受约束地、全面地观察。

4. 持平 chípíng 动词

收入与支出相等，即既不盈利，也不亏本。

5. 通气会 tōngqìhuì 名词

就某件事或某种现象在一定范围内进行告知、说明、解释的会议。

6. 筹得 chóudé 动词

筹集得到。

7. 四两拨千斤 sìliǎng bō qiānjīn 俗语

比喻通过一定的技巧或方法，用小的力量来完成大的事情。

8. 乘数效应 chéngshù xiàoyìng 名词

以数倍形式发生变化而产生的巨大效应。

9. 存量 cúnliàng 名词

（物品）实际存有的数量

10. 清单 qīngdān 名词

具体、详细的物品项目单据。

11. 枢纽 shūniǔ 名词

事物间相互联系的中心环节、重要关键。

12. 动（拆）迁 dòng（chāi）qiān 动词

因市政建设或房产开发需要，居民搬离原居住的地方。

13. 水涨船高 shuǐ zhǎng chuán gāo 成语

比喻一件事物随着另一件事物的发展、提高而发展、提高。

14. 量化 liànghuà 动词

将对事物、现象等方面的要求或分析等以数字的形式进行表达。

15. 运作 yùnzuò 动词

（工作）运行、操作。

16. 流量 liúliàng 名词

一定时间阶段内某事物的流动数量。

17. 层面 céngmiàn 名词

按事物性质、层次、类型等划分的范围。

18. 花费 huāfèi 动词、名词

作动词时是"用钱"的意思;作名词时是"钱"的意思。

19. **公关 gōngguān** 名词

现代企业用词,公共关系。

20. **息息相关 xī xī xiāng guān** 成语

息息:呼吸。形容关系非常密切。

21. **纷至沓来 fēn zhì tà lái** 成语

形容来的人很多。

22. **人次 réncì** 名词

参与活动的人的次数。人次大于或等于人数,但不会小于人数,如一个人参加两次,就是两个人次。

23. **华东地区 Huádōng dìqū** 名词

中国华东地区,包括江苏、浙江、安徽、江西、山东、福建以及上海,共六省一市。

24. **富庶 fùshù** 形容词

庶:众多。物产丰富,人口众多。

25. **辐射 fúshè** 动词

(比喻事物的现象、作用)从中心向各方传播过去。

26. **扩张 kuòzhāng** 动词

向外扩大、增加(势力、范围)。

27. **诱发 yòufā** 动词

因为某种原因而使事物发生变化。

28. **会展 huìzhǎn** 名词

(大型)会议和展览。

29. **无疑 wúyí** 副词

毫无疑问、非常肯定。

30. **千载难逢 qiān zǎi nán féng** 成语

载:年。一千年也难以遇到一次。形容机会非常难得。

31. **付诸 fùzhū** 动词

把东西、计划交给或落实化。

32. **母亲河 mǔqīnhé** 名词

比喻某个地区有特别意义的河,如中国通常把黄河比喻为母亲河,而上海则把黄浦江比喻为自己的母亲河。

33. **精华 jīnghuá** 名词

事物最好、最优秀的部分。

34. 与时俱进 yǔ shí jù jìn

俱：一起。跟上社会发展的步伐，与时代一起前进。

35. 云集 yúnjí 动词

像云一样地聚到某个地方。比喻来自各方的很多人汇聚在一起。

常用句式

1. 之所以……是因为

这是因果句式"因为……所以"的倒置句式，即先讲出结果，后说明原因。

2. 圆……梦

这是一个常用语句，通常用来比喻实现了向往、追求已久的愿望。

3. 为……画上一个圆满的句号

这是一个常用语句，通常用来表达事情取得了很好的、预期的结果。

练 习

一、阅读理解练习

（一）根据报道内容判断下列说法正确（✓），还是错误（✗），如果错误，请说明理由：

1. 上海世博会30亿美元的投资将由政府支出。　　　　　（　）

2. 由于有大量的参观者，所以世博会举办城市总能获得一定的盈利。
　　　　　　　　　　　　　　　　　　　　　　　　　（　）

3. 简单地说，"存量乘数效应"就是"一元钱的直接投资拉动数元钱的延伸投资"。　　　　　　　　　　　　　　　　　　　　（　）

4. 30亿美元的直接投资只能满足世博园区内的一些建设投资。（　）

5. 参展商之所以愿意参加世博会，是因为世博会能给他们带来实际的利润。　　　　　　　　　　　　　　　　　　　　　　　（　）

6. 世博会展出阶段的"园内"经济对整个经济的贡献比"园外"经济更大。
　　　　　　　　　　　　　　　　　　　　　　　　　（　）

7. 由于世博会的辐射和带动作用，华东六省一市都将成为世博会的受益

者。 （ ）
8. 举办世博会能给上海带来明显的城市品牌效应。 （ ）
9. 举办世博会不仅有经济乘数效应,还会产生一定的文化效应。 （ ）
10. 2010年上海世博会的主题是:城市,让生活更美好。 （ ）

(二) 根据报道内容,选择正确的说法:

1. 上海世博会30亿美元的总投资来自（ ）。
    A. 政府出资
    B. 政府的出资及部分商业贷款
    C. 政府出资、部分商业贷款以及市场筹得部分

2. 历史上举办世博会的经济情况是（ ）。
    A. 盈利的占大部分,有少量亏损
    B. 亏损的占大部分,有少量持平
    C. 盈利、持平、亏损基本相等

3. 参展商参加世博会的目的是（ ）。
    A. 产生文化和公关价值
    B. 获取实际利润
    C. 到举办城市参观旅游

二、词语替代练习

在不改变原意的前提下,用所给的词语改写下列句子:

1. 至今

150多年前的1851年,第一次世博会在美国洛杉矶举行。2010年将在上海举行的世博会是首次在发展中国家举办综合类世博会。

2. 并非易事

企业要想生存哪像你说得那么简单,只要有钱就行了,还需要不断开发新产品、树立良好的企业形象、提供优质的售后服务等,不然钱花完了,企业也完了。

3. 绝不仅仅

怎么能说举办世博会只是带动了经济发展呢,打造城市品牌、提高国际地位、增加城市功能、培养城市文明、提升城市精神等都是举办世博会所带来的收益。

4. 纷至沓来

在北京举行的国际汽车展览会是中国目前最大的汽车展览会,这个具有世界一流水平的汽车展览会吸引了国内外的许多人士来参观。

5. 息息相关

要使世界经济得到发展,就必须有一个持久和平的环境。为了全球的共同富裕,我们应该通过和平的方式解决一切争端,尽量避免战争的发生。

6. 千载难逢

邓小平的南巡讲话进一步表达了中国打开国门、走向世界的坚定信心,为中国的经济腾飞创造了极为难得的大好机会。

7. 水涨船高

经济发展了,国家强大了,人民的生活也随着一天天好起来,日子越过越富裕,心情越来越舒畅,这就是今天的中国。

8. 与时俱进

21世纪世界进入了知识信息飞速发展的时代,新的科学技术层出不穷,变化日新月异,稍不留意,也许就成了时代的陌生人,我们可千万别被时代所抛弃啊!

9. 圆……梦

经过多次艰苦卓绝的努力,中国终于实现了举办综合类世博会的愿望。中国将通过举办上海世博会来向世界充分展示21世纪中国的无限魅力。

10. 为……画上一个圆满的句号

日本大相扑来华公演受到了热烈的欢迎,相扑运动员的精彩技艺博得了观众潮水般经久不息的掌声。大相扑在本市的成功公演圆满地结束了这次难忘的中国之行。

三、句子排列练习

根据你的理解,将下列句子进行排列,如 ABCD:

1. A. 专家学者纷纷进行预测

   B. 大多认为能带来5至10倍的乘数效应

   C. 对于30亿美元所带来的乘数效应

   D. 甚至有人作出了"将给上海带来129亿美元的收入"的精确估算

2. A. 所以园外经济对经济发展的贡献更大。

   B. 但并不意味经济爆发力只存在园内

   C. 因为大型博览会最直接的受益者是举办城市的旅游业

   D. 尽管世博会的场馆是一个相对封闭的场所

3. A. 还能提升城市的国际地位

   B. 举办世博会不仅能拉动相关产业经济的发展

   C. 所以举办世博会对城市建设具有巨大的推进作用

D. 促进城市文明程度的提高

4. A. 无论是法国埃菲尔铁塔

B. 世博会总能给举办国或举办城市留下一笔宝贵的财富

C. 都从一个侧面证明了这样一个事实

D. 还是日本关西经济带

5. A. 因为世博会所创造的收益是无法估算的

B. 这是一个有目共睹、不容置疑的事实

C. 举办世博会不仅给上海带来了机遇

D. 也给中国带来了机遇

四、词语搭配练习

根据你的理解,将下列两组词语进行搭配,如 Ah、Gc：

A 确立　　B 无法　　C 会议　　D 绝非　　E 资本　　F 屈指
G 交通　　H 量化　　I 辐射　　J 诱发　　K 品牌　　L 成功

a 指标　　b 算来　　c 估量　　d 作用　　e 雄厚　　f 易事
g 地位　　h 枢纽　　i 因素　　j 透露　　k 举办　　l 效应

五、改错练习

根据报道内容指出并改正下列语句中的错误(如错误的词语、句式、搭配、判断等)：

1. 世博会不但总能给主办城市带来无法计算的后续效应,而且从历史上看,要想直接盈利并非易事。

2. 举办世博会的后续效应之一是能推动举办城市的经济一天天日益得到发展。

3. 世博会的基础设施投资将引导上海固定资产投入的进一步增加。

4. 根据国际展览局的要求,世博会的展览场馆是一个相对于封闭的场所。

5. 之所以上海蓬勃发展的经济得到了国际的认可,是因为2010年的世博会在上海举行。

六、造句练习

用所给的词语写一段意义完整的句子：

花费(动、名词各一句)　诱发　无疑　云集　息息相关
水涨船高　千载难逢　纷至沓来

七、阅读会话练习

根据报道内容简答下列问题：

1. 举例说明世博会给举办城市所带来的后续效应。
2. 世博会一定能给举办城市带来直接盈利吗？为什么？
3. 2010上海世博会30亿美元的直接投资是怎样组成的？
4. 30亿美元的园区建设直接投资将会产生哪些带动效应？
5. 为什么说上海世博会产生"溢出效应"？
6. 世博会举办后的后续乘数效应主要有哪些？

来中国的好时机
——访国际展览局秘书长洛斯塞塔莱斯

5月27日，国际展览局秘书长洛斯塞塔莱斯来到上海。"现在来到中国是一个非常好的时机，因为全球扶贫大会正在上海召开，而2010年上海世博会的主题'城市，让生活更美好'也包含了减少贫困、提升人民生活质量的概念。"洛斯塞塔莱斯说。

洛斯塞塔莱斯此行是参与审议上海向国际展览局递交的注册报告，为上海举办一届精彩的世博会出谋划策。按照国际展览局的规定，中国将在2005年5月1日前，正式递交2010年上海世博会的注册报告。对此，洛斯塞塔莱斯解释道："这是'申博'成功之后最重要的一件事情，注册报告正式将2010年上海世博会进行定位。只有在注册报告被通过后，中国才可以向世界各国和组织发出正式的参展邀请。"

毫无疑问，注册报告的每一部分都将体现上海举办世博会的优势和"卖点"。洛斯塞塔莱斯认为，首先，上海世博会的场馆设计和整体规划是在一个旧城区上进行改造、美化和基础设施的建设，这将留给上海一份重要的资产——一个重新焕发生机的水岸地区。这将是一个独到的设计，一次特别的经历。

他说，对于所有参展国来说，他们有的将自己的有些场馆成为永久建筑。在以往的世博会上,一些发展中国家由于财力匮乏,往往挤在一起共用一个场馆,大大制约了各自优势和特色的发挥。洛斯塞塔莱斯强调,中国政府承诺将为参加上海世博会的发展中国家提供一亿美元的财政援助,相信很多发展中国家可以因此获得在国际舞台充分展示自己的机会。他认为,到中国上海来参展,不仅可以展示有关国家的实物,而且可以讨论交流"如何让人民生活更美好"的主题,最终获得思想和精神的收获。

6月25日,国际展览局和上海市政府将在巴黎联合举办2010年上海世博会国际论坛,其主题是"文化多元和文化融合"。洛斯塞塔莱斯认为,这与"城市,让生活更美好"的主题有着显而易见的联系。城市是一个吸引人流的地方,不同的教育、文化、宗教背景和不同生活方式的人生活在一起,既要相互融合又要相互共存。在一个兼容各种文化的城市里,如何使不同文化背景的人和谐相处、如何帮助外来者尽快融入城市,这些,对国际社会和许多国家来说都是一个具有挑战性的论题。

人民网(2004.05.31) 来源:《人民日报》 记者:戎霄

生　　词

1. **出谋划策** chū móu huà cè
出主意,想办法。

2. **定位** dìngwèi 动词、名词
把某件事物放在适当的位置,或对某件事物作出某种评价。

3. **卖点** màidiǎn 名词
商业经营活动中能够引起公众注意或兴趣的地方。

4. **匮乏** kuìfá 动词、形容词
缺乏。

5. **承诺** chéngnuò 动词、名词
对某项事物答应别人照办。

6. **显而易见** xiǎn ér yì jiàn 成语
形容事情、道理等很明显,非常容易看清、弄懂。

7. **融合** rónghé 动词

几个原本分离的人或事非常紧密地混合在一起，无法再分清。

8. **兼容** jiānróng 动词

除了固有的、主要的以外，还能容纳、接受其他的(事物)。

别让"洋品牌"把我们淹没了!

根据中汽协会行业信息部提供的数据:2004年1季度全国销售的国产轿车品牌的排行榜中,前十位分别被"洋品牌"占领。

中国已成为世界第四大制造国、第三大汽车消费市场。到2010年,中国的汽车年需求量将接近1000万辆。届时,中国将成为世界第二大汽车市场。然而与此相对应的是在2003年全球100个最有价值的品牌排行中,中国的汽车却榜上无名。为什么拥有巨大的消费市场却几乎无自主的品牌?这不能不说是我国汽车工业的一大遗憾。究竟是什么阻碍我们自主品牌的培育之路呢?

消费者何以对"洋品牌"情有独钟?

发展民族工业,支持民族品牌是中国消费者一贯秉持的信念。但在来自世界各地的"洋品牌"面前,怎么就放弃了对"民族品牌"的支持?2003年,我国的私人购车比例为65%,其中85%是首次购车。在消费者普遍缺乏用车经验的情况下,很难对汽车的质量和售后服务作出全面的评价,因此购车时往往会选择知名度高、自己认同的品牌。而目前在消费者中口碑较好的除了进口品牌,就是合资品牌,因为被消费者所熟悉的、能够赢得信赖的民族品牌实在是太少了,消费者实在难以抉择。

最近国际专业的市场调研公司CBC(佳瑞)就汽车品牌知名度对五大城市(北京、上海、广州、武汉、成都)的居民的调查结果表明,宝马和奔驰是消费者心目中最好的高档轿车品牌;奥迪、本田和帕萨特是中档中最受欢迎的品牌；POLO、桑塔纳、赛欧、富康则是经济型汽车中的首选。

企业贴牌生产会否作茧自缚？

我们知道，中国汽车企业在目前无法与强者抗衡的情况下，大多选择了与强者携手合资，以散件组装方式生产汽车。而为了迎合市场的认同，获得更多的利益，这些车打的不是外方品牌就是合资方品牌。据说在目前情况下，一辆车一挂上了"合资"、"组装"的名义，贴上一个"洋品牌"，"身价"就能顺理成章地提高。有这样两个例子：一是上海通用开始推出别克品牌时，一个起名叫别克新世纪，一个叫别克GLX，配置一模一样，实际销售结果是，每卖出9辆别克GLX，只卖出一辆别克新世纪；二是上汽通用五菱准备推出雪佛兰SPARK时，花了八个月作市场调查，以确定用什么样的品牌营销。同一款车，一个挂五菱商标，一个挂雪佛兰商标，结果倾向购买雪佛兰商标的人群是五菱的三倍，而且愿意出高于五菱10%的价格购买。

正因为眼前丰厚的短期利益驱动，使多数的汽车企业都误以为是找到了一条通向"汽车工业大国的"捷径。于是，不问品牌归属，不管自身资源条件，一味引进国外汽车品牌，上马汽车项目，特别是中高档汽车。正是因为企业的这种行为，又潜意识地给消费者套上了"国产=低档"的消费观念"枷锁"，使消费者盲目地追随独资或合资品牌，而一旦消费者认同、接受了这种观念，那么，即使中国的生产能力、技术水平达到了国际先进，要改变观念也绝不是一朝一夕的事，中国就有可能长时间停留在汽车的"生产"和"消费"大国上，而非汽车"工业大国"，这必将阻碍中国汽车工业发展的道路。

短期利益能维持多久？

虽然从短期来看，中国汽车工业利润率高，发展迅猛，但从长远发展来看，企业没有自主的品牌势必会受制于人，势必会失去核心竞争力。与产品涌入相比，品牌的植入不仅可以将低成本地利用对方的劳动力和资源，而且可以迅速培育起自己的消费者，长期抢占对方的市场。相对而言，一个产品只能影响一段时间，影响一定的消费群，而一个成功的品牌却可以影响几代人，甚至几个世纪。可以说，谁掌握了品牌的控制权，谁就掌握了市场的主动权。难道，我们就这样把主动权拱手相送？企业丧失了主动权，也就丧失了生命力，它的命运不是被淘汰，就是成为别人的附庸，没有了挺直腰杆说话的那一天。

在全球竞争中，没有自主品牌，最多能拥有市场的繁荣之表，却不能尽享利益增长之实，就如全世界茶叶80%的利润却被不产一斤茶叶的英国拿走一样，因为他们拥有茶的第一品牌"立顿"，而中国充其量只是一个最大的茶叶出口国。国内的汽车企业也应该清醒地认识到这一点。

追逐"洋品牌"不如创"自主品牌"

值得欣慰的是，越来越多的汽车厂家已意识到，只有发展自主品牌才能给中国汽车工业带来发展。不仅奇瑞、吉利、哈飞等国内民族汽车企业从研发、设计、生产、销售等全链条地培育起了自主品牌，上汽、东风、长安等也相继将开发自主品牌的汽车提上了日程。上汽集团总裁胡茂元就明确表示，上汽将在5年内生产5万辆自主品牌的汽车；东风汽车公司总经理苗圩说，相信在我退休之前，一定能够制造出具有中国自主知识产权、自己品牌的小轿车；长安集团董事长尹家绪公开透露，长安将在今年6月的北京国际车展上推出第一辆自主品牌的都市休闲车。长安有信心在5年内实现自主品牌乘用车销售5万辆。

在此，我们期待更多的Made in China汽车能自信地贴上中国自己的品牌，希望更多的爱车族不再仅是"洋车一族"，而以开国产品牌车为荣。当然，这需要一个过程，但并不遥远。

解放日报集团网站(2004.05.12) 来源：《解放日报》 作者：俞凌琳

背景分析

近几年来,中国的汽车产销出现了很大的增幅,据报道,一个季度的产销量已超过50万辆,并呈现出不断走高的趋势。而轿车的产销量更是大幅度上升,私人购买轿车的比例已占到六成以上。中国轿车市场的潜力开始显现出来。据悉,中国有望在近两年内成为世界轿车销售大国。但遗憾的是,在缤纷绚丽的轿车市场中,购车者的目光都集中在进口车或是合资车上。为尽快获得利益,制造商们不得不"借鸡生蛋",纷纷"贴牌"生产轿车,"洋品牌"铺天盖地,反客为主。而具有中国自主品牌的国产轿车甚少,即使有,也难为人知,问津者寥寥,只得"退避三舍"。中国汽车工业究竟何去何从?何时才能成为这个巨大市场的主人呢?为了真正意义上的"Made in China",厂商和消费者该怎么做?

相关资料

中国目前具有较大影响的几家轿车制造厂:

1. 上海大众　　2. 一汽大众　　3. 上海通用　　4. 天津一汽夏利
5. 重庆长安　　6. 广州本田　　7. 上汽奇瑞　　8. 湖北神龙
9. 北京现代　　10. 一汽轿车

生　词

1. **品牌** pǐnpái 名词
产品的牌子,尤其指一些著名的、经公众认可的产品牌子。

2. **中汽协会** Zhōngqì xiéhuì 缩略语
中国汽车协会。

3. **排行榜** páihángbǎng 名词
根据某种统计结果而公布的排列顺序名单。

4. **届时** jièshí 副词
到(预定的)时候。

5. 相对应 xiāngduìyìng

与一件事物或一种现象有关联、参照、比较、说明等关系的(另一件事物或另一种现象)。

6. 榜上无名 bǎngshàng wú míng

没有进入(比赛、评比等)公布的名单。进入名单则称为"榜上有名"。

7. 自主 zìzhǔ 动词

自己做主,即自己决定自己的行为举动,不受别人限制。

8. 遗憾 yíhàn 形容词、名词

事物或现象、状态不称心,令人感到惋惜。

9. 何以 héyǐ 疑问词

为什么。

10. 情有独钟 qíng yǒu dú zhōng

钟:(感情等)集中。对某个人或某件事物特别喜爱。

11. 秉持 bǐngchí 动词

主持、掌握。

12. 认同 rèntóng 动词

承认并且同意。

13. 口碑 kǒubēi 名词

比喻群众口头上的评价。

14. 信赖 xìnlài 动词、名词

信任并依靠。

15. 抉择 juézé 动词

慎重而必须地作出选择。

16. 经济型 jīngjìxíng

价格比较低廉的、配置和功能比较简单的、实用性比较强的(商品)。

17. 首选 shǒuxuǎn 名词

第一个选中的。

18. 贴牌 tiēpái 动词

把别人的牌子、名气等用在自己的产品上。

19. 作茧自缚 zuò jiǎn zì fù 成语

茧:一种由蚕吐丝结成的壳。比喻自找麻烦,使自己陷入困境。

20. 抗衡 kànghéng 动词

(与对手)进行对抗。

21. 散件 sǎnjiàn 名词

用以组合整体设备的零件。

22. 迎合 yínghé 动词

主动地、按照别人的要求或愿望而采取行动。

23. 顺理成章 shùn lǐ chéng zhāng 成语

办事、说话或写文章合乎情理、条理清楚。

24. 倾向 qīngxiàng 名词、动词

想法或事物偏向于(某一个方向)。

25. 驱动 qūdòng 动词

受某种力量、需要的影响而采取行动。

26. 误认为 wù rènwéi

错误地认为。

27. 捷径 jiéjìng 名词

原意为便捷、快速的小道。比喻快捷而方便的办法。

28. 一味 yíwèi 副词

单纯、惟一的,有时带有过分的意思。

29. 上马 shàngmǎ 动词

比喻某件事情(如工作、工程等)开始实施。

30. 潜意识 qiányìshí 名词

一种实际存在、但未明确感觉到的观念、想法。

31. 一旦 yídàn 副词

如果突然地(发生某种情况)。

32. 一朝一夕 yì zhāo yì xī 成语

朝:早晨;夕,晚上。形容时间很短。

33. 受制于 shòuzhìyú

行为、举动受到的限制来自于(某个方面)。

34. 拱手相送 gǒngshǒu xiāngsòng

原意为很有礼貌地送别他人。现比喻无力阻止而让别人把东西拿走。

35. 附庸 fùyōng 名词

泛指没有独立存在能力、需要依附于其他事物才能存在的事物。

36. 充其量 chōngqíliàng 名词

对能力、数量、结果等所作出的最大限度的估计。

37. 追逐 zhuīzhú 动词

追赶(某个事物)或追求(某个目标)

38. **欣慰** xīnwèi 形容词

(使人感到)心安、高兴、安慰。

39. **全链条** quánliàntiáo 名词

链条原意为机械用于动力传送的链子。全链条比喻与一个事物有相互联系、配套、合作等关系的各个方面。

40. **日程** rìchéng 名词

指工作、办事的安排、计划。

41. **六成** liùchéng 数量词

成：量词。一个事物的十分之一称为一成，一成等于10%，"六成"即60%。

42. **缤纷绚丽** bīnfēn xuànlì 形容词

色彩多，鲜艳、漂亮。

43. **借鸡生蛋** jiè jī shēng dàn 成语

比喻借用别人的力量或优势等来达到自己的目的。

44. **反客为主** fǎn kè wéi zhǔ 成语

由客人变为主人。比喻由被动转为主动。

45. **问津** wènjīn 动词

津：码头。"问津"是打听、了解、询问的意思。

46. **寥寥** liáoliáo 形容词

数量很少。常写成"寥寥无几"，表示没有多少。

47. **退避三舍** tuìbì sān shè 成语

中国古时候，行军以三十里为一舍。比喻对别人做一定的退让、回避。

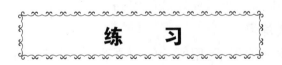

练　习

一、阅读理解练习

(一)根据报道内容判断下列说法正确(✓)，还是错误(×)，如果错误，请说明理由：

1. 报道中的"届时"是指到了2010年。　　　　　　　　　　(　)
2. 中国汽车没能登上2003年全球最有价值的品牌排行榜。　(　)
3. 消费者购买进口车或是合资车是因为他们从来就不喜欢国产车。(　)
4. 目前国产车在消费者中还没有形成好的"口碑"。　　　　(　)

5. 许多汽车厂商认为引进国外汽车品牌来生产汽车是通往汽车工业大国的捷径。（　）

6. 只有当中国的生产能力和技术达到国际先进水平,消费者才会很快改变观念。（　）

7. 一个产品的影响比一个成功的品牌的影响大。（　）

8. 创立自主品牌的目的是为了体现市场的繁荣。（　）

9. 中国是世界最大的茶叶生产基地和出口国,也是最大的茶叶消费国。（　）

10. 经过一个不是很长的过程,中国一定会生产出更多真正的国产汽车。（　）

(二) 根据报道内容,选择正确的说法:

1. 中国汽车工业的一大遗憾是（　）。
 A. 只是世界第四大制造国
 B. 每年的汽车需求量还未达到 1000 万辆
 C. 缺乏自主品牌的国产汽车

2. 消费者放弃对"民族品牌"支持的原因是（　）。
 A. 对自主品牌的国产车缺乏信赖
 B. 市场上没有自主品牌的国产车可买
 C. 因为进口、合资品牌车少,所以都想购买

3. 企业"贴牌"生产汽车（　）。
 A. 是一条通向"汽车工业大国的捷径"
 B. 能使中国汽车工业得到长期迅猛的发展
 C. 阻碍了中国汽车工业发展的道路

二、词语替代练习

在不改变原意的前提下,用所给的词语改写下列句子:

1. 届时
 A. 这个星期五下午一时整,学校将在二楼会议室举行留学生座谈会,听取留学生对教学的意见和建议,请你到时候准时出席。
 B. 今年的北京国际汽车博览会将于下月在国际展览中心举行,据报道,博览会期间将会有不少最新款式的世界著名品牌汽车展出。

2. 榜上无名
 A. 虽然 2003 年公布的全球 100 个最有价值的品牌排行榜中没有中国汽车的品牌,但出现了一个中国电器品牌,那就是"海尔"。

B. 虽然这学期我的期末考试成绩没能进入排行榜,但不灰心,下学期一定更努力,争取期末考试"榜上有名"。

3. 信赖

A. 郑淑贤同学很乐于帮助别人,凡是答应别人的事总是能够做到、做好,所以同学们都把她当作自己的知心朋友,有事都爱找她帮忙。

B. "海尔"经过多年的努力,终于成为世界著名品牌,消费者喜欢它,是因为它的产品品质和售后服务使人感到放心。

4. 顺理成章

A. 章先生担任这个公司的副总经理已经有好几年了。这次总经理退休,大家都认为,毫无疑问将由他来接替总经理的位置,但谁也没想到,刚升任副总经理的小黄接替了总经理的位置。

B. 有些商家认为,只要自己商品的价格比别人低,占领市场也就没有问题了。其实更重要的是商家的诚信,信誉好才能把生意做大。

5. 捷径

A. 学习汉语没有什么简单、方便的办法,只有下功夫多听、多说、多练习、多与中国人交流才行,这样才能真正提高自己的汉语水平。

B. 做事情有时需要"摸着石头过河",这样可以积累经验和教训;有时候则可以借鉴别人的做法,因为这样能使我们少走弯路,尽快获得成功。

6. 一味

A. 我们不能为了眼前的利益而放弃了自主品牌的开发,把精力、财力都放在"贴牌"生产汽车上,因为这样做的话,中国的汽车工业将不能得到真正的发展。

B. 做事难免会有失败的时候,如果我们不是认真寻找自己的不足之处,而总是强调其他的原因,那么,我们还可能犯同样的错误。

7. 相对而言

A. 我感到这次 HSK 考试的各种题型都比较难,如果说哪一种题型更难些的话,我认为听力更难一些。

B. 这两套服装都不错,但我还是买这一套,因为尽管都是著名品牌,但国内穿那一种品牌服装的人比较少,我也得随大流呀。

8. 充其量

A. 本来说这次来中国比赛的是一支国际顶级足球俱乐部,而现在看来顶多是一支二流球队,我真是白花了这两百元的冤枉钱。

B. 如果不是以自主品牌为主导,而靠的是进口车、合资车,那么即使拥有再多的汽车,至多也只能算是个汽车消费大国,无法跻身于汽车工业大国的行列。

9. 日程

A. 你的申请具体什么时候能有结果,这个我很难说,但据我所知,老总们已经决定讨论你的申请,尽快给你一个明确的答复,你再耐心等两天吧。

B. 尽管上海世博会要到2010年才举行,但自申博成功之日起,世博会的各项筹备工作就已经被纳入上海市政府的工作范围。

10. 期待

A. 拥有自主品牌的汽车并不是我们的全部追求,我们希望有更多标上"Made in China"字样的产品走出国门,走向世界。

B. 战争中的人们经历了太多太多的苦难,他们厌恶战争,反对战争,翘首以待和平的早日到来,还他们安稳、平静的生活。

三、句子排列练习

根据你的理解,将下列句子进行排列,如ADBC:

1. A. 这是为什么呢
   B. 但在2003年全球100个最有价值的品牌排行榜中
   C. 尽管中国已成为世界第四大制造国、第三大汽车消费市场
   D. 中国汽车却榜上无名

2. A. 归根结底
   B. 既然"发展民族工业,支持民族品牌"是中国消费者秉持的信念
   C. 又为什么放弃了对"民族品牌"的支持呢
   D. 民族品牌车还不能赢得消费者的信赖

3. A. 如果一味引进国外汽车品牌
   B. 而不能成为真正的汽车"工业"大国
   C. 放弃了自主品牌的开发
   D. 那中国只能停留在汽车的"消费和生产"大国上

4. A. 除了被淘汰或成为别人附庸的命运
   B. 难道就不想堂堂正正地拥有一个真正属于自己的企业吗
   C. 一个没有生命力的企业
   D. 还能有什么好结局呢

5. A. 创立自主品牌不是一朝一夕的事
   B. 也需要消费者的支持
   C. 因为发展中国汽车工业是我们每一个人所期待的

D. 不仅需要企业的努力

四、词语搭配练习

根据你的理解,将下列两组词语进行搭配,如 Ah,Gc：

A 届时   B 感到   C 何以   D 值得   E 一贯   F 难以
G 首选   H 无力   I 利益   J 一味   K 工程   L 工作

a 追求   b 日程   c 秉持   d 品牌   e 见得   f 驱动
g 信赖   h 上马   i 抉择   j 到会   k 抗衡   l 遗憾

五、造句练习

用所给的词语写一段意思完整的句子：

届时　信赖　首选　倾向　一味　上马　一朝一夕
相对而言　充其量

六、填词练习

根据报道内容,在空格内填入适当的词语：

正因为眼前_____的短期利益驱动,使多数的汽车企业都_____是找到了一条通向"汽车工业大国的"_____。于是,不问品牌归属,不管自身资源条件,_____引进国外汽车品牌,上马汽车项目,特别是中高档汽车。正是因为企业的这种行为,又_____地给消费者套上了"国产=低档"的消费观念"枷锁",使消费者_____地追随独资或合资品牌,而_____消费者认同、接受了这种观念,那么,_____中国的生产能力、技术水平达到了国际先进,要改变观念_____绝不是一朝一夕的事,中国就有可能长时间停留在汽车的"生产"和"消费"大国上,_____汽车"工业大国",这必将阻碍中国汽车工业发展的道路。

七、阅读会话练习

根据报道内容简答下列问题：

1. 中国的汽车工业存在一个什么遗憾？
2. 为什么消费者会放弃对"民族品牌"的支持？
3. 多数企业真的找到了一条通向"汽车大国"的捷径吗？为什么？
4. 为什么说谁掌握了品牌的控制权,谁就掌握了市场的主动权？
5. 中国汽车行业出现了哪些使人感到欣慰的现象？

新闻阅读

中华轿车冠名"感动中国"人物评选活动

2003年11月18日,"中华轿车杯"感动中国2003年度人物评选活动在北京中华世纪坛正式启动。沈阳华晨金杯汽车有限公司旗下品牌——中华轿车将独家冠名支持本年度"感动中国"人物评选活动。据报道,此项评选是中央电视台最具权威代表性、最具公信力、规模最大、涉及范围最广、级别最高的人物评选。

"中华轿车杯"感动中国2003年度人物评选是此项活动首次接受社会团体提供冠名支持。中华轿车以其独特开创性的开发、发展模式,充分体现了中国汽车行业50年来发展国产自主品牌轿车的强烈愿望。因此,中华轿车的品牌被赋予了自强、自主、自立的民族情感。在外国汽车品牌大举进入中国汽车市场的今天,中华轿车选择了一条坚定地发展中国自主品牌轿车的艰难之路。中华轿车的品牌内涵与"感动中国"所强调的人格精神相得益彰。中国轿车也正是凭借这种品牌内涵在众多品牌竞争中赢得了中央电视台的垂青,成为这项对中国乃至世界华人社会有深远影响的人物评选活动的独家冠名支持者。

中央电视台新闻评论部主任、"中华轿车杯"感动中国2003年度人物评选活动兼节目总制片人梁健增认为,"感动中国"选择中华轿车将是一次完美的运作。他说,中华轿车是中国汽车行业国产自主品牌轿车的典型代表,中华轿车以自强、自主精神赢得了中国汽车行业的尊敬和推崇,中华品牌精神与"感动中国"品牌节目的内涵有深刻的共鸣。

沈阳华晨金杯汽车有限公司董事长苏强先生说,华晨公司是一个深具社会责任感的企业公司,是走创新的国际化道路的自主汽车品牌产业,开辟了中国企业走进国际资本市场的模式,并开创了现代自主品牌系列和国际品牌并举发展的中国汽车产业发展模式。这些都赋予中华轿车"中华智慧、世界精华;勇敢创新、服务中国大众"的品牌理念,正在一条前所未有的产业创新发展道路上迎接中国进入WTO的全球挑战。他还表示,华晨汽车员工将向"感动中国"评选活动中涌现出来的优秀人物学习,以中国人杰出的智慧和不屈不挠的中华精神为中国人造自己的好车!

中华轿车是中国汽车行业第一款由中国厂商做主,整合全球汽车设计、开发、制造资源,牢牢掌握自主知识产权的轿车。这种开发模式开创了中国汽车行业产品开发的崭新模式,被称为"中华智慧,世界精华",至今已成为中国汽车市场上中高档自主品牌轿车的典型代表。

2002年12月在美国AMS(Auto Motor Sport)与中国汽车媒体联合举办的中国汽车行业首届2003年度车型评比中,中华轿车荣膺中国2003年度车型大奖。专家评委会一直认为,中华轿车是继上世纪50年代"红旗"和"上海"之后第一款按现代国际汽车产业模式研发、拥有自主品牌的全新车型,中华轿车的发展是中国汽车工业自主发展的重要里程碑。

上海热线(2003.11.28) 来源:《中国汽车新网》

生　词

1. **冠名** guànmíng 动词
用某个特定的名字(如企业名称、商标等)来称呼某项活动或某个事物。

2. **央视** yāngshì 缩略语
中国中央电视台。

3. **公信力** gōngxìnlì 名词
具有使公众信服的能力。

4. **赋予** fùyǔ 动词
给与。通常用于给与权利、荣誉、使命等非物质性的东西。

5. **相得益彰** xiāng dé yì zhāng 成语
益:更;彰:显著。相互合作,双方的长处就更能表现出来。

6. **凭借** píngjiè 动词
依靠(事物或能力等)

7. **垂青** chuíqīng 动词
表示对人或事物的重视。

8. **独家** dújiā 名词

惟一的一家。

9. **共鸣** gòngmíng 名词

比喻有相同的观点、想法、意见等。

10. **不屈不挠** bù qū bù náo 成语

屈、挠：弯曲。形容不怕压力、不屈服，意志顽强。

11. **荣膺** róngyīng 动词

光荣、荣幸地获取、得到（某种荣誉）。

12. **里程碑** lǐchéngbēi 名词

比喻在历史发展过程中具有标志意义的大事。

第四课

困境与突破：
如何看待我国当前就业形势

　　劳动和社会保障部部长郑斯林近日透露，在去年取消一些不合理规章制度的基础上，今年我国将彻底清除阻碍农村劳动力进城就业的"规章障碍"。

　　权威人士认为，此举不仅对实现农村劳动力获得平等就业权力具有重要意义，而且将对缓解我国日益严峻的就业形势产生积极影响。

　　种种情况表明，我国目前的就业、再就业工作正面临着前所未有的挑战。

　　劳动力供给量的迅猛增长，正成为当前就业工作中的最大"心病"。劳动和社会保障部提供的资料显示，在经过多年的高速增扩之后，近期我国新成长劳动力的供给将升至高峰，加上现存的下岗失业人员，预计今年城镇需要就业的劳动力将达到2400万人。

　　与迅猛增长的供给量相比，就业岗位的增加却显得"步履沉重"，资料表明，在过去的25年中，由于经济的增长平均每年增加1370万个工作岗位，但由于我国经济增长方式正逐步实现从粗放型向集约型的转变，经济增长对就业的拉动力作用已明显减弱。权威人士估计，按今年经济增长保持7%计算，在现有的经济结构下，新增的就业岗位仅为800万个左右。

　　供求的巨大缺口远不是惟一的挑战。专家指出，从劳动力结构上看，一方面传统行业出现大量下岗失业人员，另一方面新兴产业、行业和技术性职业却人才短缺，劳动力素质与岗位需求的矛盾更加突出。

　　规模庞大的农民就业"大军"更对就业工作构成了考验。数字显示，目前农村富余劳动力超过1.5亿人，随着农村经济结构调整，农村劳动力向非农领域、向城市"进军"的规模也将越来越大。

让人不能乐观的还有失业率。今年一季度和去年底,我国城镇登记失业率为4.3%,尽管这一数字尚未超过国际公认的"警戒线",但解读这一数字可以发现,一方面它相对于以往3%左右的数字已经呈现了较大幅度的增长,另一方面它尚未包括与原单位"藕断丝连"的国有、集体企业下岗职工以及数目庞大的农民,实际的失业数字应高于现有的统计。

但是,在种种压力面前,我国目前缓解就业压力的潜力也不容低估。权威人士和就业专家指出,从当前情况来看,解决就业问题仍有诸多有利条件:

首先,党和政府对就业问题给予了高度重视,制定了一整套积极的就业政策,并将其纳入国民经济和社会发展的宏观调控目标。就业问题专家认为,这种在经济发展的同时充分运用政策手段促进就业的方法,在去年直接促成了三项就业目标的实现,并将在今后源源不断发挥巨大效应。

其次,经济持续快速发展,财政收入增长较快,企业经济效益好转以及第三产业发展加快等,必将对就业形成有力拉动。

第三,国家实施的西部大开发、振兴东北老工业基地、促进中西部地区崛起、鼓励东部地区加快发展等促进地区协调发展的战略,以及城镇化步伐的加快,将为解决就业问题带来新的机遇。

"更为重要的是,经过多年的探索和实践,我国解决就业问题的大政方针已定,以市场为导向的就业机制初步形成,"就业问题专家于法鸣说,"随着各项政策的深入落实和完善,政策效应将进一步释放。"

据郑斯林在"中国就业论坛"上透露,有关方面已根据目前就业再就业工作中的难点制定出有针对性的措施,包括对城镇失业源头进行调控等,全力创造一个良好的就业和创业环境。

严峻的就业压力逼迫我们必须保持清醒的头脑,而在众多政策面的"利好"和有关方面的周密部署前,我们也有理由保持一个良好的预期。

新华网北京4月30日电 记者:黄全权 齐中熙

背景分析

本篇报道对中国目前的就业与失业现状进行了分析,指出了当前中国在就业和失业上所存在的一些问题和原因,同时也指出由于政府高度重视、经济持续快速发展、国家实施发展战略所带来的机遇,以及就业大政方针的制定和就业机制的初步形成等条件的存在,中国的就业形势将日趋好转。

相关链接

2004年4月28日,"中国就业论坛"在北京召开。此前,4月26日,国务院新闻办公室就发表《中国的就业状况和政策》白皮书举行了记者招待会,请劳动和社会保障部新闻发言人介绍了有关情况。

据悉,截至2003年底:

中国城乡从业人员总量达74432万人,其中城镇为25639万人;1990年至2003年期间,共增加就业人口9683万人,平均每年增加745万人。

中国的城镇登记失业率为4.3%,尚未超过国际公认的控制线;2004年,中国政府确定城镇登记失业率控制在4.7%左右。

生 词

1. **困境** kùnjìng 名词

    困难、不利的处境和状态。

2. **权威人士** quánwēi rénshì

    在某种领域或某个行业内具有使人信服的力量和威望的人。

3. **缓解** huǎnjiě 动词

    使事物的紧张状态程度得到一定的减轻。

4. **再就业** zài jiùyè

    失去工作后,经过培训,从新获得就业的机会。

5. **心病** xīnbìng 名词

    比喻令人感到担忧、烦闷的事情或现象。

6. **下岗** xiàgǎng 动词

    国有企业职工处于暂时无工作、但仍与企业保持一定关系(如保留人事关系、领取生活补贴、享受劳保待遇等)的状态。

7. 步履沉重 bùlǚ chénzhòng

比喻事物遇到困难,发展受阻、缓慢。

8. 粗放型 cūfàngxíng

指只是通过增加生产元素投入的数量、以高投入、高消耗来实现经济增长的方式。

9. 集约型 jíyuēxíng

指通过技术进步和改善管理、以提高生产要素的质量和使用效益来实现经济增长的方式。

10. 拉动 lādòng 动词

常用于表示一种经济现象带动、促进另一种经济现象的发展、变化。

11. 人才短缺 réncái duǎnquē

人才缺乏,数量不够。

12. 庞大 pángdà 形容词

数量多,规模大。

近义词:巨大、宏大。

13. 富余 fùyu 形容词

足够而有剩余。

14. 非农领域 fēinóng lǐngyù 名词

不属于农业范围的领域。

15. 尚未 shàngwèi 副词

暂时还没有(达到、实现、完成等)。

16. 相对于 xiāngduìyú

一个事物或现象以另一个事物或现象为对象(进行比较)。

17. 藕断丝连 ǒu duàn sī liǎn 成语

比喻几个事物尽管表面上解除了关系,但内部还存在一些联系。

18. 解读 jiědú 动词

解释、阅读。

19. 潜力 qiánlì 名词

内部存在的、尚未发挥作用的力量。

20. 诸多 zhūduō 形容词

各种各样,不少、比较多。

近义词:众多。

21. **纳入** nàrù 动词

把事物划入(某个范围、某种领域)。

22. **调控** tiáokòng 动词

调整(节)、控制(某种状态、现象、局势等)。

23. **大政方针** dàzhèng fāngzhēn

基本的方针政策。

24. **导向** dǎoxiàng 名词

引导事物发展的方向。

25. **机制** jīzhì 名词

为完成某项系统工作或是达到某个预定目标而实施的办法、制度。

26. **释放** shìfàng 动词

使事物受到的限制、制约得到解除。

27. **源头** yuántóu 名词

原意为江、河等发源的地方,现比喻事物发生的初始阶段。

28. **利好** lìhǎo 形容词

有利益的、有好处的(事物、消息等)。

29. **部署** bùshǔ 动词

根据所制定的计划进行(工作、行动)安排。

30. **预期** yùqī 动词

预先希望达到(某种结果或目标)。

31. **日趋** rìqū 副词

一天接着一天向(某种状态发展)。

新闻词语

1. "各种情况显示"也可说"种种迹象表明"等。
2. "资料显示"也可说"资料表明"、"数据显示"、"据统计"等。

词语辨析

1. 庞大和宏大、巨大

相同之处:

三个词同为形容词,意思相近,都是用来形容规模大、数量多。

不同之处:

"庞大"适宜用于对事物规模、群体的修饰,如"庞大的工程"、"庞大的消费群体"等。但常含有过分大的意思,如"机构庞大、臃肿"。

"宏大"适宜用于对计划、目标的修饰,如"宏大的远景规划"、"宏大的志愿"等。

"巨大"能用更多方面的修饰,特别是能用对动词或动词性名词的修饰,如"巨大的变化"、"变化巨大",而"庞大、宏大"则不宜。"巨大"也可对事物规模、群体等进行修饰,但不宜对计划、目标等进行修饰,如"巨大的计划"就不宜。

2. 富余和富裕

两个词同为形容词,但意思不相同:

"富余"形容事物足够而有剩余,如"现在农村的富余劳动力越来越多"。

"富裕"形用财物多,生活条件好,如"如今的日子真是越过越富裕"。

练 习

一、阅读理解练习

(一)根据报道内容判断下列说法正确(✓),还是错误(×),如果错误,请说明理由:

1. 目前中国存在一些农村劳动力不能平等就业的现象。 ( )
2. "就业"与"再就业"是一回事。 ( )
3. 劳动力供给的迅猛增长对发展中的中国来讲说是一件好事。 ( )
4. 中国现在存在劳动力与就业岗位之间供需不平衡的问题。 ( )
5. 没有工作的人都可以去从事一些新兴产业、行业和技术性职业。 ( )
6. "富余劳动力"指的是有钱的、家庭经济情况好的人。 ( )
7. 中国的城镇登记失业率由原来的3%上升至目前的4.3%。 ( )
8. 就目前情况来看,中国的就业问题无法得到解决。 ( )
9. 经济持续发展是解决就业问题的有利条件之一。 ( )
10. 我们既要面对就业困难的现实,也应该对解决就业问题充满信心。

( )

(二)根据报道内容,选择正确的说法:

1. 中国目前劳动力与就业岗位之间的关系是( )。

A. 就业岗位远远不能满足劳动力的需求

　　B. 劳动力远远不能满足就业岗位的需求

　　C. 劳动力和就业岗位供需基本平衡

2. 造成下岗人员就业困难的原因之一是（　　）。

　　A. 就业岗位不能满足就业人员的要求

　　B. 无法从事一些新兴产业、行业和技术性职业

　　C. 人们的就业目标过多地集中在某些岗位

3. 可以解决就业问题的有效途径有（　　）。

　　A. 限制农村劳动力进入城镇就业

　　B. 要求企业增加就业岗位

　　C. 进一步切实落实和完善各项就业政策方针

二、词语替代练习

在不改变原意的前提下，用所给的词语改写下列句子：

1. "心病"

A. 尽管经济快速发展，工作的机会越来越多，但与此同时，劳动力的供给量也迅猛增长，这成了就业工作中令人担忧的一件事。

B. 孩子才二十刚出头，虽然已去中国留学半年了，但她是否能适应学校的新环境这个问题始终是我所担忧的一件事。

2. 远不是

A. 这件事的情况非常复杂，一两句话是绝对说不清楚的，所以你一定要听我把话说完，然后你再作决定。

B. 中国的就业问题解决牵涉到国家政策、劳动力结构等诸多方面，怎么能像你所说的只要企业多提供一些就业机会就行了那么简单呢！

3. 庞大

A. 这个工程的规模很大，涉及到很多方面的工作，所以事先一定要做好充分的准备，尽可能避免在实施过程中出现重大失误。

B. 日本方面组织了一个有很多中学生参加的代表团来中国进行友好访问，受到了中国人民，尤其是中国中学生的热情接待。

4. 相对于

A. 中国有近十三亿的人口，所以现在的轿车保有量是远远不够的，因此，中国的汽车市场具有巨大的潜力。

B. 尽管她来大连也不过只有一年，但比起其他刚来的留学生来说，她也可称为"老上海"了，所以经常有留学生来向她打听大连的一些情况，这也就不

足为奇了。

5. 尚未

A. 改革开放以后，中国人民的生活有了很大的改善，但还没有达到小康水平。

B. 经过整改，这家饭店的防火措施有了改进，可是消防部门检查以后说，离规定的要求还有一些差距，要进一步整改，必须完全符合标准才能营业。

三、句子排列练习：

根据你的理解，将下列句子进行排列，如 ADBC：

1. A. 其实这种情况在世界各国都普遍存在
   B. 中国出现了就业难的问题
   C. 失业情况也随之产生
   D. 由于劳动力的供给量超过了可以提供的就业岗位

2. A. 除了尽可能地提供就业机会外
   B. 才有可能获得更多的就业机会
   C. 因为只有这样
   D. 求职者不断提高自己的各项素质也很重要

3. A. 绝不可能是就业岗位来适应求职者
   B. 只有求职者去适应就业岗位
   C. 我们必须清醒地认识到
   D. 在市场经济中

4. A. 尽管"步履沉重"
   B. 但从当前情况来看
   C. 权威人士和就业专家认为
   D. 解决就业问题仍有不少的有利条件

5. A. 中国目前的就业压力一定会得到缓解
   B. 我们没有理由不相信
   C. 又有各项政策和措施的配合
   D. 既有党和政府的高度重视

四、词语搭配练习

根据你的理解，将下列两组词语进行搭配，如 Ah、Gc：

| A 突破 | B 增长 | C 尚未 | D 纳入 | E 缓解 | F 资料 |
| G 调控 | H 释放 | I 给予 | J 拉动 | K 导向 | L 逐步 |

a 效应　　　b 迅猛　　　c 作用　　　d 形成　　　e 手段　　　f 困境
g 内需　　　h 范围　　　i 到达　　　j 重视　　　k 显示　　　l 压力

五、造句练习

用所给的词语写一段意思完整的句子：

> 远不是　尚未　庞大　相对于　一方面……另一方面

六、填词练习

根据报道内容，在空格内填入适当的词语：

首先，党和政府对就业问题制定了_____积极的就业政策，并将其____国民经济和社会发展的宏观调控目标。

其次，经济_____快速发展，财政收入增长较快，企业经济效益好转以及第三产业发展加快等，必将对就业形成_____。

第三，国家_____的西部大开发、_____东北老工业基地、_____中西部地区崛起、和_____东部地区加快发展等促进地区_____发展的战略，以及城镇化步伐的_____，将为解决就业问题带来新的_____。

"_____，经过多年的探索和实践，我国解决就业问题的_____已定，以市场为_____的就业机制初步形成"，就业问题专家于法鸣说，"随着各项政策的深入落实和完善，政策效应将进一步_____。"

七、阅读会话练习

根据报道内容简答下列问题：

1. 记者认为中国彻底清除阻碍农村劳动力进城就业的"规章障碍"有什么意义和作用？
2. 为什么说劳动力供给量的迅猛增长正成为当前就业工作中的最大"心病"？
3. 中国目前所面临的就业困境表现在哪些方面？
4. 中国缓解就业压力有哪些有利条件？
5. 中国现在有哪些重要的经济发展举措？

我国采取多项措施保障今年就业目标实现

2003年我国政府提出新增就业900万人，下岗失业人员再就业500

万人和城镇登记失业率控制在4.7%左右的目标,引起广泛关注。为此,劳动和社会保障部有关负责人表示,将出台一系列措施保障目标的实现。

劳动保障部负责人介绍说,国家今年将加大对下岗失业人员再就业的培训力度,加强政府购买公益岗位的工作,为下岗失业人员提供更多工作机会。中央财政用于就业的资金从去年的47亿元提高到今年的83亿元,这些资金主要用于社会保险的补贴,职业介绍和再就业培训的补贴,小额担保贷款的贴息等。

在今年年内,国家还将近一步完善政府和有关部门的扩大就业考评体系,建立和完善促进就业的长效机制。目前今年新增就业岗位的目标已层层分解,从省市县到街道社区,已经建立起组织严密的促进就业的服务网络。

这位负责人说,劳动保障部门将全面推进再就业培训、创业培训、高级技能人才培训和农民工培训等各项培训工作。通过培训促进就业,通过就业验证培训成效,实现职业培训与就业、再就业的相互促进。今年,将实施10万新技师计划,组织实施400万人的再就业培训和30万人的创业培训,实现职业技能鉴定规模增长20%。

此外,在积极促进就业、增加就业岗位的同时,国家将继续采取减少和控制失业的措施,主要包括:统筹规划、分步实施国有企业关闭、破产、兼并和改制改组,把握关闭破产工作力度,合理引导和规范企业的规模性裁员;有计划、有步骤地推进国有企业下岗职工向失业保险的并轨工作;鼓励国有大中性企业通过主辅分离、辅业改制分流安置富余人员,尽可能将富余人员安排在辅业企业;继续完善失业保险制度。

新华网北京5月5日电 记者:齐中熙

生 词

1. 力度 lìdù 名词

力量强弱、大小的程度。

2. 公益 gōngyì 名词

有益于公众社会的、不以盈利为目的的(工作、活动等)。

3. **担保** dānbǎo 动词

以财产、名誉等作为另一方履行责任的保证。

4. **长效** chángxiào 形容词

长期有效的(管理、措施等)。

5. **技师** jìshī 名词

具有较高的专业技能及相应资格证书的技术人员。

6. **鉴定** jiàndìng 动词

鉴别、判断、评定(人或事的能力、真假、优劣等)。

7. **统筹** tǒngchóu 动词

将同类事物(如资金、工作等)进行统一筹划、安排。

8. **兼并** jiānbìng 动词

将其他的企业合并进自己的企业。

9. **并轨** bìngguǐ 动词

比喻将同时存在的不同的做法、制度等统一为一种。

10. **主辅分离** zhǔfǔ fēnlí

将事物的主要部分(如工厂的生产、销售部门等)与辅助部分(如工厂的后勤部门等)实行分离,这样做既可以保证主要部分集中精力做事,又可以提供更多的工作岗位。

11. **分流** fēnliú 动词

比喻将集中在一个方向的人或事分散到其他方向。

第五课

来上海寻"饭碗"的老外

—— 一位美国人在沪求职的故事和思考

35岁的美国人爱德华娶了位上海太太,决定把家安在上海。为了找个"饭碗",他3个月前做了一件特别的事:在上海两家主流媒体上各登了一则求职广告。广告内容如下:一美国人,男,35岁,经济类专业,获美国工商管理硕士,8年国际营销管理经验,两年金融投资管理经验。意在中国工作,可从事各类国际市场拓展、管理工作。

外国人来中国找工作本不多见,而登求职广告推销自己,爱德华算得上第一个。日前,记者根据广告上的电话与他取得了联系。

寻找合适的"饭碗"好难

爱德华是个典型的美国男子,她的太太顾女士从事国际商贸。2001年,爱德华辞去了在美国年薪10万美元的工作,来到了上海。

在登广告之前,准备在上海当个"金领"的爱德华已走了一段漫漫求职路。在妻子的劝说下,他把薪资要求降低了一半——年薪5万美元。第一家公司有意聘用他做投资咨询,专业对口,但只有1万余元人民币的月薪;第二家企业开出的薪水高一些,但他干了一段时间觉得不合适。他发现,现在有相当多的外国人在上海"自由就业",但从事高级管理工作的机会却很少,因为一些大公司的首席代表、CEO都是直接从国外派来的。他找过猎头公司,甚至去过人才市场,但都无功而返。登出广告后,也有十几家企业打电话来,但谈得拢的很少。不会说汉语,也成为他求职的一大障碍。

但爱德华认为自己也有优势,他曾在美国、俄罗斯从事国际贸易多年,有丰富的消费品营销经验。他愿意到中国企业工作,帮助中国民族企业的产品打开国际市场。不久前,有一家民营企业向他抛出了绣球,目前正在接洽中。

外国人"自由就业"不现实

爱德华的求职经历,折射出了一系列发人深思的问题。首先,爱德华能不能自己在上海找工作?记者从上海外国人就业主管部门了解到,外国人想在上海"自由就业"并不现实。一个外国人要来中国工作,必须先受聘于一个单位,由单位为他办理就业许可证,才能来华就业。而外国人自己到中国的职业介绍所、人才市场找工作,甚至刊登广告求职是不允许的。像爱德华这样持配偶签证来中国的外国人,如果有单位愿意聘用他,是可以的,但居留证身份得随之改变。

其次,爱德华为何难以找到合适的工作?市外国人就业管理办公室主任孙汉德进行了分析:一个外国人既然要进入中国的劳动力市场,就必须接受中国人的评定。别人要购买他的劳动力,当然要考虑能否为企业创造效益。当然,5万美元的年薪在爱德华看来不算多,但在中国却绝对是高薪。外国人到中国就业,观念也得改变。

更多老外来沪抢"饭碗"

尽管爱德华的求职路不顺,但他的故事从侧面揭示了这样一个事实:上海正在成为外国人就业的热土!近几年来,在上海持《就业证》就业的外国人逐年增多,1996年为8000人,1999年为1.7万人,今年人数已达2.3万人,还不包括打零工的留学生、旅游者。尽管今年上半年遭受"非典"影响,但前来上海就业的外国人同比还是增长了30%。

爱德华的求职经历还给上海人提了个醒,老外来上海抢"饭碗"这样的现象并非个别。去年,记者接待过一个美籍华人女孩,大学毕业后她希望来上海工作,但不知道到哪里去找。值得注意的是,如今许多发达国家经济增速趋缓,失业率上升,而充满生机和活力的上海对很多外国人充满了吸引力。目前,世界500强企业已有400多家在上海落户。日本、韩国及一些欧美国家的大学生毕业后,不约而同把目标瞄准了知名跨国公司的上海分支机构。在经济全球化的大潮下,面对日益激烈的人才竞争,上海人又该如何应对呢?

新华网(2003.08.11) 来源:上海《新民晚报》 记者:邵宁

背 景 分 析

改革开放以后,特别是进入21世纪以来,随着上海经济的飞速向前发展,来上海求职的外国人也日益增多起来。但由于不熟悉中国的国情,不了解中国的有关规定,因此,一些外国人在求职过程中遇到了不少困难和麻烦。报道以美国人爱德华在上海求职的经历为例,向有意在中国就业的外国人介绍了一些求职过程中应注意的情况和问题。

相 关 链 接

中华人民共和国劳动部等部门于1996年颁布了《外国人在中国就业管理规定》。《规定》明确:"用人单位聘用外国人须为该外国人申请就业许可证,经获准并取得《中华人民共和国外国人就业许可证书》后方可聘用。"《规定》同时明确:"未取的居留证件的外国人及持职业签证外国人的随行家属不得在中国就业。若遇特殊情况,应由用人单位按规定的审批程序申领许可证,被聘用的外国人凭许可证书到公安机关改变身份,办理就业证、居留证后方可就业。"

相 关 资 料

截至2004年4月,在上海的"洋打工"已近三万人。统计资料表明,外籍人士在服务业中工作的占55.4%,从事制造业的占25.8%,在沪代表机构工作的占12.2%,从事房地产建筑业的占4.4%,其他行业占2.2%。"洋打工"中,日本人最多,约占三分之一,以下依次为:美国、新加坡、马来西亚和德国。上海所颁发的外国人就业《许可证》的编号已由1996年首次颁发的"0001"号,上升至现在的"000001"号,即由四位数变为六位数。

生 词

1. **饭碗** fànwǎn 名词
   比喻工作。

2. **主流** zhǔliú 名词
   重要的、影响较大、具有带领、引导性的(事物、现象)。

3. **一则** yìzé 数量词
   一个、一条(消息、通知等)。

4. **意在** yìzài 动词
   目的是为了……

5. **本不多见** běn bù duōjiàn
   很少见到的(情况)。

6. **日前** rìqián 副词
   最近的几天。

7. **金领** jīnlǐng 名词
   比喻从事高级管理工作的人。

8. **漫漫** mànmàn 形容词
   用来形容时间长、路程远、经历坎坷等。

9. **咨询** zīxún 动词
   就某件事接受别人详细、全面询问或征求意见。通常情况下作动词用,即就某件事进行详细、全面的询问。

10. **专业对口** zhuānyè duìkǒu
    所掌握的知识、技术与所从事的工作相符。

11. **相当多** xiāngdāng duō
    不少、比较多。

12. **猎头公司** liètóu gōngsī 名词
    专门从事寻找具有较高职位、较深资历人才的公司。

13. **人才市场** réncái shìchǎng 名词
    以知识、技术等进行求职交易的场所。职业大多以从事管理、技术等工作为主。

14. 无功而返 wú gōng ér fǎn

所做的事没有得到预期的结果。

15. 谈得拢 tándélǒng

比喻彼此之间对事情、现象具有共同的看法、观点等。

16. 抛绣球 pāoxiùqiú 动词

绣球,中国古代女子用来表达爱意的一种用丝绸等制成的饰品。"抛绣球"比喻表示愿意接纳或合作的愿望。

17. 接洽 jiēqià 动词

就某件事或某项工作进行接触、协商。

18. 折射 zhéshè 动词

比喻由一种事物的表面现象引出与这件事物相关的其他现象。

19. 一系列 yīxìliè

几个同类的、相互有关联的(事物或现象)。

20. 发人深思 fā rén shēn sī

由于某件事情或某种现象使人更多、更深入地进行思考。

21. 主管部门 zhǔguǎn bùmén 名词

政府负责管理某项事情的机构。也指某个组织团体的上级机关。

22. 许可证 xǔkězhèng 名词

允许可以从事某项工作的证件。

23. 职业介绍所 zhíyè jièshàosuǒ 名词

简称"职介所"。介绍的职业大多以体力型或基本技能型(如驾驶、收银、保洁等)的为主。

24. 随之 suízhī

之:代词。随着前面所谈到的事情、现象等。

25. 热土 rètǔ 名词

比喻受人关注、吸引人的地方。

26. 逐年 zhúnián 副词

一年接着一年。

27. 打零工 dǎlínggōng

短时间地、不固定地为别人工作。

28. 同比 tóngbǐ 动词

与同时期(通常是去年)进行比较。

29. 落户 luòhù 动词

比喻比较长久地、相对稳定地留在某个地方。

30. **不约而同** bù yuē ér tóng 成语

事先并没有约定,但却做出了同样的举动。

近义词:不谋而合。

31. **跨国公司** kuàguó gōngsī 名词

在其他国家设有生产、经营、管理等机构的公司。

32. **经济全球化** jīngjì quánqiúhuà

世界各国经济的发展受到全球范围的带动、制约、调节等方面的影响。

33. **日益** rìyì 副词

(情况)一天比一天(好或坏)。

词语辨析

1. 日前、当前、目前

"日前"与"当前、目前"都是副词,用作时间状语,表示一段日子。

"日前"是指刚刚过去的一段日子,与"前两天、不久前、最近"等意思相同,但更具有书面语言特性。

"当前、目前"是指现在正处在的一段日子,与"现在、眼下、时下"等意思相同,但也是更具有书面语言的特性。

2. 相当、相当于

"相当"常作为副词使用,后面可跟形容词,用来修饰某种状态,如"相当好"、"相当激烈"、"相当令人吃惊",也可跟带肯定或否定意思的短语,"相当有技术"、"相当没水平",后面也可加结构助词"得",如"相当得不错"。"相当"后面不可直接跟名词、动词等,如"相当市场"、"相当竞争"。有时也可作为形容词,如"实力相当"、"旗鼓相当"等。

"相当于"常作为动词使用,后面可跟名词、动词性的词或短语,用以说明两种物体间没有大的差别,如"相当于两个月的工资",不可直接跟非名词、动词性的词或短语,如"相当于激烈"、"相当于非常"等。

3. 不约而同、不谋而合

"不约而同"与"不谋而合"是近义词

"不约而同"常用于事先没有约定,但行为、举动等却是一致的。

"不谋而合"则常用于事先没有商量,但想法判断等却是一致的。

练 习

一、阅读理解练习

（一）根据报道内容判断下列说法正确(√)，还是错误(×)，如果错误，请说明理由：

1. "主流媒体"是指重要的、具有较大影响力的媒体。（　　）

2. "金领、白领、蓝领、灰领"等都是对一种职业性质的比喻。（　　）

3. "第一家公司有意聘用他作投资咨询"这句话中的"咨询"作动词用。（　　）

4. 如果爱德华会说汉语，求职就能成功。（　　）

5. 外国人要想在中国就业，不可以自己到职介所、人才市场找工作，也不可以刊登广告，所以只能去猎头公司。（　　）

6. 外国人想在中国工作，必须先受聘于一个单位，然后自己去办理就业许可证。（　　）

7. "但居留证身份的随之改变"这句话中的"之"指的是爱德华本人。（　　）

8. 爱德华在改变作为顾女士丈夫来华的居留证身份前，他不可以在中国就业，即使有单位聘用他，也是不行的。（　　）

9. "三折、三成"都有30%的意思，所以说来上海就业的外国人同比增加了"三折"。（　　）

10. 事先并没有约定好，但却采取了同样的举动，这就是"不约而同"。（　　）

（二）根据报道内容，指出下列划线词语的准确含义：

1. 爱德华刊登了<u>一则求职广告</u>。（　　）
　　A. 一条求职广告　　B. 一次求职广告　　C. 一批求职广告

2. 爱德华<u>意在</u>中国工作。（　　）
　　A. 在中国工作有意思　　B. 有在中国工作的愿望
　　C. 很在意在中国的工作

3. <u>无功而返</u>。（　　）
　　A. 没有功夫回去　　B. 没有带着功劳回去
　　C. 在外办事没有结果

4. 爱德华的<u>漫漫求职路</u>。（　　）

A. 曲折、漫长的求职过程　　　　B. 走很长的路去求职

　　C. 求职的路上有很多水

5. 随之改变。（　）

　　A. 代词　　　　　　B. 动词　　　　　　C. 介词

6. 尽管是来自两国家的学生，但他们很谈得拢。（　）

　　A. 形容谈话时靠得很紧　　　B. 谈话的内容是一样的

　　C. 比喻具有共同的观点或想法

7. 目前正在接洽中。（　）

　　A. 这个字念 gěi　　B. 这个字念 hé　　C. 这个字念 qià

8. 来华就业的外国人逐年增多。（　）

　　A. 一年比一年增多　　B. 一年接着一年增多　　C. 一年又一年增多

9. "五一"黄金周有相当多的市民选择出国旅游。（　）

　　A. 非常多　　　　　B. 不太多　　　　　C. 比较多

10. 人才竞争日益激烈起来。（　）

　　A. 开始激烈　　　　B. 越来越激烈　　　C. 非常激烈

二、词语替换练习

在不改变原意的前提下，用所给的词语改写下列语句：

1. 主流

A. 虽然有局部战争和恐怖行动，但世界总的发展趋势还是和平与建设。

B. 尽管出现了一些曲折和不足，但中国的市场经济总体是朝着健康、有序的方向发展。

2. 意在

A. 留学结束以后，我有留在中国寻找工作的打算。

B. 我不帮你并不是为难你，而是为了使你尽快学会独立处理问题。

3. 本不多见

A. 这个地区出现38℃以上气温的现象很少，而连续出现四十多天高温天气更是闻所未闻。

B. 这种款式的服装很少见到，所以见到了还是赶快买下吧。

4. 随之

A. 由于战争影响了伊拉克的石油出口，世界油价开始出现了上涨情况。

B. 既然你已经准备打这场官司，那就必须尽快做好打这场官司的举证工作。

5. 逐年

A. 中国的旅游业正处在一个蓬勃发展的大好时期,来华旅游的外国游客一年比一年多。

　　B. 由于房地产和休闲业的兴起,耕地被占用的情况一年比一年严重,这引起了政府的高度重视。

6. 日益

　　A. 随着中国经济的飞速发展,人民的生活水平也越来越高。

　　B. 春天来了,气温有所升高,天气开始变得逐渐暖和起来。

7. 谈得拢

　　A. 他们俩是好朋友,无话不说。

　　B. 由于在合作条款上存在着很大的分歧,所以双方没能取得一致的意见。

8. 相当

　　A. 尽管这只是个业余画展,但具有一定的品位,有些作品画面构思新颖,技艺成熟老练,表现出了很不错的绘画水平。

　　B. 虽然中国的经济取得了举世瞩目的成就,但还存在发展不平衡的问题,尤其是在中国西部,经济不发达的地区还是为数不少的。

9. 无功而返

　　A. 大川惠子很想在上海找份工作,但去了几家公司面试都没能成功,因为她无法达到公司要求的汉语水平。

　　B. 尽管他已经拒绝了我们,我们总不能就这样毫无结果地回去吧,再努力争取一下试试看,说不定会有"柳暗花明又一村"的奇迹出现呢。

10. 不约而同

　　A. 为避免被兼并,甚至破产,不少中小企业同时想到了一条出路,那就是联手合力,做大做强,共同迎接市场的挑战。

　　B. 受世界经济低迷的影响,不少著名的跨国公司都把目光转向具有巨大潜力的中国市场。

三、句子排列练习

根据你的理解,将下列句子进行排列,如 ABCD:

1. A. 那将会遇到很大的麻烦

　　B. 外国人到中国来就业

　　C. 爱德华的求职经历就是一个例子

　　D. 如果不会说汉语的话

2. A. 因为这样做同样违反了中国的有关规定

B. 即使不刊登广告

C. 自己到人才市场去找工作也是不允许的

D. 外国人是不能通过刊登广告求职的

3. A. 所以从事高级管理工作的机会很少

B. 由于一些大公司的首席代表、CEO 都是直接从国外派来的

C. 但都是无功而返

D. 因此尽管爱德华去了很多公司

4. A. 这样他才能在中国工作

B. 外国人要在中国就业

C. 首先要受聘于一个单位

D. 并且由这个单位为他办好"就业证"

5. A. 如果不做好充分准备的话

B. 人才的竞争越来越激烈

C. 在市场经济的影响下

D. 恐怕会有不少人将丢掉自己的"饭碗"。

四、词语搭配练习

根据你的理解,将下列两组词进行搭配,如 Ah、Gc:

A 一则   B 意在   C 日前   D 漫漫   E 接洽   F 逐年
G 同比   H 日益   I 安家   J 专业   K 主管   L 随之

a 业务   b 提高   c 兴旺   d 透露   e 长路   f 而来
g 求职   h 领导   i 落户   j 消息   k 增加   l 技术

五、造句练习

用所给的词语写一句意思完整的句子:

日前 相当 随之 逐年 同比 日益 不约而同

六、填词练习

根据报道内容,在空格内填入适当的词语:

爱德华的求职经历____出了____发人深思的问题。首先,爱德华能不能自己在上海找工作?记者从上海外国人就业主管部门了解到,外国人想在上海"____"并不现实。一个外国人自己到中国的职介所、人才市场找工作,____刊登广告求职是____的。像爱德华这样持配偶签证来中国的外国人,如果有单位愿意聘用他,是可以的,但居留证的身份必须____改变;其次,爱德华为何难以找到合适的工作?市外国人就业管理办公室主任孙汉德进行了分析:一个外国

人＿＿＿要进入中国的劳动力市场，＿＿＿必须接受中国人的＿＿＿。别人要购买他的劳动力，当然要考虑能否为企业创造效益。当然，五万美元的年薪在埃德华看来不算多，但在中国却＿＿＿是高薪。外国人到中国就业，＿＿＿也得改变。

七、根据报道内容简答下列问题：

1. 爱德华是怎样的一个人？
2. 爱德华为了寻"饭碗"做了些什么事情？
3. 什么原因使爱德华走了一段漫漫求职路？
4. 作为一个"老外"，如果你想在中国就业，读了这篇报道后，知道该做些什么吗？
5. 爱德华寻"饭碗"这个故事又从侧面反映出哪些情况和问题？

新闻阅读

老外钟爱中国职业"派司"

本报讯 只因热衷中国文化，老外们也开始潜心攻读与中国文化密切相关的职业资格。

记者昨天从市劳动保障局获悉，约20位境外人士已于日前取得了相应的职业资格证书。

据悉，在上海获得职业资格证书的境外人士主要来自日本、韩国等国家。他们通过培训，分别获得了茶艺、中式烹饪、古玩鉴定、保健按摩、美发美容等职业（工种）的初级或中级职业资格证书。

有的境外人士为了兴趣爱好，有的则为了回国后能在该领域有所发展。而之所以在沪考证，更是因为上海的职业（工种）技能水平高。在上海中医大学学习的多位境外人士已于先前获得了保健按摩的职业资格证书，该校一位负责这项工作的老师对记者说，很多境外人士在学习了中医以后，希望掌握中国特有的保健按摩技能，回去之后可以发挥自己的一技之长。

上海《新闻晨报》(2004.04.07)

上海吸引力越来越大,三万"洋打工"云集沪上

"洋打工"在上海的身影越来越多。记者日前从上海海关获悉,境外来沪就业人数正迅猛增长,今年1至5月,上海已新办境外人员就业证5243份。而根据上海市外国人就业管理办公室透露,目前持就业证在沪上工作的境外人员近3万人,分别来自近140个国家和地区。

据了解,在沪"洋打工"中有八成以上在外商投资企业和国外企业在沪代表机构工作,担任总经理的高级管理人才超过3600人。有关人士指出,近几年来,跨国公司的地区总部、研究中心,以及金融、保险、外资银行、投资咨询机构、律师事务所、会计事务所等纷纷落户上海,这些行业尤其需要熟悉海外环境的境外人员。

为了让"洋打工"没有后顾之忧,安家落"户"发挥能力,上海尽量为他们提供方便。市劳动和社会保障局专门在劳动和社会保障服务网上开通了"境外人员就业网上办事"系统。

外国人在沪就业的所有申请都能在网上提出申请;而个人喜欢的自用安家物品,只要是境外在华常驻人员就可以将其运入境内,放在上海的新家内继续享用;而常驻人员在华居住一年以上者,携运入境的个人自用的家用摄像机和手提电脑,在每个品种各一个的数量限制内,还能享受免税进口的待遇。

《上海热线》(2004.06.06) 来源:新华网

生　词

1. 钟爱 zhōngài 动词
   特别地喜爱。

2. 派司 pàisi 名词
   英文"PASS"的译音。证明身份或资格的证书。

3. 热衷 rèzhōng 动词

(发自内心地)喜爱并积极从事(某种活动)。

4. **潜心** qiánxīn 副词

专心地、深入地(做某件事情)。

5. **攻读** gōngdú 动词

为获得某个学位或达到某个目标而努力学习。

6. **资格** zīgé 名词

(可以从事某项活动的)能力或水平的证明。

7. **境外人士** jìngwài rénshì 名词

中国内地以外地方的人士。

8. **烹饪** pēngrèn 动词

烧饭做菜。

9. **按摩** ànmó 动词

一种中医治疗方法,用手在人体上进行推、按、捏、揉等,使血液流动畅通,起到健身和治疗作用。这种方法也叫"推拿"。

10. **一技之长** yī jì zhī cháng 成语

某个方面的技术特长。

11. **沪上** hùshàng

上海(这个地方)。

12. **后顾之忧** hòu gù zhī yōu 成语

顾:回头看。比喻在工作或学习时,还担心着生活、家庭等问题。

13. **享用** xiǎngyòng 动词

享受、使用。

第六课

外贸零售业新规出炉，本土企业何以应对

　　4月21日，家乐福济南店红火开业。至今，它已在中国的23个城市中开出了45家大卖场。短短的两个月时间，家乐福已经在中国开了四家新店。家乐福中国区总裁罗更表示，"我希望我们在中国的新分店将基本上以每个月一家的速度开张。"

开放背景下的本土商业

　　在济南，外资的高歌猛进与本土商业企业的日渐式微形成了鲜明的对比。2000年底，台湾企业大润发超市就已安营济南，此后，国外巨头沃尔马、家乐福相继进入，目前，英国百安居、德国欧倍德也跃跃欲试。"原来我们济南的传统商业有'五朵金花'，可现在已经有四个不景气了。"司职"商业网点建设"与"组织发展全市商品流通"的济南市财贸委员会的一位官员告诉记者。"五朵金花"是指济南大观园商场、人民商场、济南第一百货、百货大楼、山东华联。这五家商场在计划经济时代曾占95%的市场份额，如今只有人民商场一家生意红火。"三年保护期内对外资的过度开放，肯定会对本土企业有影响，而且影响不小，"这位济南的官员透露说，"因为外资开一家，蛋糕就切走一块，本土企业就少分一块，这是很显然的。"中国政府对零售业开放的承诺是，在加入世贸组织第一年开放13个城市。但事实上，中国对外资零售企业开放的地域频频扩大，早已发展到所有省会城市和计划单列市，合计有30多个城市。

本土企业出路何在

商务部外资司司长胡景岩认为，总体上看，我国商业的对外开放处于发展期，内资企业无论是数量上还是市场份额上，仍占绝对主导地位。目前要做的工作是，进一步坚持有序开放的方针，继续推进我国商业的对外开放，加速我国流通现代化。但一位接近商务部的人士说："内资企业仍占绝对主导地位的说法，显然不是动态的，因为原来国内市场是接近封闭的，现在国内商业企业是没法跟外资商业竞争的。这等于是拿着昨天的数据说今天的事。"中国商业联合会、中华全国商业信息中心3月31日披露的最新统计显示，在被调查的一万多家超市门店中，内资零售企业门店数所占份额超过八成，但其销售份额较2002年的71.67%已经下降了1.1个百分点。而在内外资企业发展速度上，内资超市销售额同比增长29.6%的幅度也低于外资超市33%的幅度。

济南市财贸委员会的官员说，商务部颁布的《外商投资商业领域管理办法》对本土商业区业的影响，我们正在组织调研。但是这位官员说"外资的进入与本土企业的没落肯定有关联，但并不是说外资进来我们就不行了，这个问题没这么简单，原因是多方面的。如果还是老一套，再给它三年保护期恐怕也不行。"4月初，商务部部长助理黄海表示："对于竞争性行业，商务部今后将不再出台任何直接性扶持政策，只有少数国有流通企业将有可能享受到减免呆账、坏账以及债转股的优惠政策。"那么地方是否会出台一些鼓励和扶持本土商业的政策呢？"现在我们还没有这方面的政策，因为地方财力、力量不是太充分，但是我们已经采取了措施，尽可能给企业减负。很多企业也在改制，想以全新的面目来应对外资的大规模进入。"济南的这位官员坦言。

新华网（2004.04.29） 来源：《经济观察报》

背 景 分 析

最早从2004年12月11日起,中国对外资零售服务业设立的市场准入和资本准入限制将全面放开,外国零售商获准在内地任何地方开设商铺,且无需寻找中方合作伙伴。这也就意味着,中国巨大的零售市场将全面向外资企业打开。尽管在三年"保护期"内,中国的内资零售企业经历了一定的考验,但面临更加激烈残酷、甚至是生死存亡的市场挑战,又将如何应对呢?中国的零售业市场又将会出现怎样的局面呢?本篇报道以济南为例,解析了内资企业所面临的困境。

相 关 链 接

2001年11月,中国正式加入世界贸易组织(WTO)。根据惯例,给予中国零售业三年的"保护期"。至2004年11月,三年的"保护期"已经结束,为此,2004年4月16日,中国商务部部长薄熙来签署了《外商投资商业领域管理办法》,该办法将于6月1日起施行。商务部在此项法规生效后,将开始接受外国零售商有关通过购买目前中国合作伙伴股份以重组股权结构的申请。自2004年12月11日起,商务部允许正式设立外资在华商业企业。

1. **新规** xīnguī 名词
新的规定。

2. **出炉** chūlú 动词
比喻一件事物经过准备后出现在社会、公众面前。
近义词:出台、面世。

3. **红火** hónghuo 形容词
形容场面热烈、销售旺盛。

4. **大卖场** dàmàichǎng 名词

一种商业形态,规模大,商品多,种类全。

5. **背景 bèijǐng** 名词

事物、现象出现的原因、条件、以及相关联系等。

6. **本土 běntǔ** 形容词

当地的,本地区的。

7. **高歌猛进 gāo gē měng jìn** 成语

放声唱歌,勇猛前进。形容情绪高涨,精神振奋,一路向前。

8. **日渐式微 rìjiàn shìwēi** 成语

一天一天逐渐地萎缩、衰弱下去。

9. **安营 ānyíng** 动词

比喻一个机构组织(如公司、企业等)长期、稳定地停留在一个地方。

10. **巨头 jùtóu** 名词

比喻具有雄厚实力、在某个领域处于强大地位的人或团体。

11. **相继 xiāngjì** 副词

一个接着一个。

12. **跃跃欲试 yuèyuè yù shì** 成语

形容心情急切,很想尝试一下,参加竞争。

13. **不景气 bù jǐngqì** 形容词

形容现象、经济形势不好。

14. **司职 sīzhí** 动词

担任某个职务或从事某种工作。

15. **流通 liútōng** 动词

商品、货币的流转。

16. **市场份额 shìchǎng fèn'é** 名词

某种商品在市场总体中所占的数额。

17. **过度 guòdù** 副词

超过正常的限度。

18. **蛋糕 dàngāo** 名词

比喻公司、企业的事业,也比喻利益。

19. **计划单列市 jìhuà dānliè shì** 名词

经济社会发展各项指从所属省份分离出去的城市,如青岛、大连、宁波、厦门、深圳等。

20. **主导** zhǔdǎo 动词、名词

操纵、引导(事物向某方面发展)。

21. **有序开放** yǒuxù kāifàng 短语

按计划、有秩序地实行开放。

22. **动态** dòngtài 名词

事物、现象处在的发展、变化状态。

23. **颁布** bānbù 动词

通常用于机构、组织(如国家、政府、军队等)发布法令、规定、条例等重要文件。

24. **调研** diàoyán 动词

调查、研究(某件事、某种现象)。

25. **没落** mòluò 动词、形容词

衰败,趋向灭亡。

26. **老一套** lǎoyítào 形容词

形容做事采用以前的旧思路、旧办法,没有新意、缺少变化。

27. **呆坏账** dāi huài zhàng 名词

无法启动、无法收回的账目。

28. **债转股** zhài zhuǎn gǔ 名词

因无法收回债务企业所欠的债款,债权企业将对债务企业的债权,转为对债务企业的股权,即债权企业成为债务企业的股东。

29. **优惠政策** yōuhuì zhèngcè 名词

因某种需要而给于特别照顾的政策。

30. **减负** jiǎn fù 动词

减轻负担、压力。

31. **应对** yìngduì 动词

应付、对待。

32. **坦言** tǎnyán 动词

公开、明白地表明(自己的看法)。

33. **惯例** guànlì 名词

被社会公认的常规、做法。

34. **签署** qiānshǔ 动词

在重要的文件(如法令、决定等)或条约、合同、协议上签字。

35. **准入** zhǔnrù 动词

准(允)许加入(受到一定限制的某种活动)。

36. **解析** jiěxī 动词

解释、分析(某件事、某个现象)。

1. 过度、过渡

"过度"是形容词,形容状态超出了正常限度,如"过度疲劳"、"过度紧张"等。

"过渡"是动词,指事物由一种阶段、状态逐渐转变(不是突然转变)为另一种阶段、状态,如"计划经济逐渐过渡到市场经济。"也可作形容词使用,如"过渡阶段"。

2. 过度、过分

"过度"与"过分"词义相似,都是超出正常限度的意思。

"过度"常用修饰表示状态、程度的形容词,一般不用作对动词、名词的修饰或作为补语用,如不说"过度的要求"、"你做得太过度了"。

"过分"则常用来修饰行为动词,如"过分讲究"、"过分追求"等,也可对动名词进行修饰或作为补语用,如"过分的要求"、"你做得太过分了"等。

一、阅读理解练习

(一) 根据报道内容判断下列说法正确(✓),还是错误(×),如果错误,请说明理由:

1. 家乐福济南店的开业场面非常热闹。( )
2. 济南传统商业的"五朵金花"始终占整个零售业95%的市场份额。( )
3. 三年保护期内,外资零售业按照中国的承诺逐渐进入中国市场。( )
4. "蛋糕就切走一块"比喻利益被分走了。( )
5. 政府今后将不会再出台任何扶持性优惠政策。( )

(二) 根据报道内容选择正确的说法:

1. "五朵金花"之中有四朵不景气,主要是因为( )。

A. 相互之间竞争太激烈

B. 缺乏对外资零售企业的竞争力

C. 自己经营不善

2. 在三年"保护期"内，中国对外资零售企业的进入所采取的措施是（　　）。

A. 有限制地选择部分城市允许外资零售企业进入

B. 外资零售企业可根据自己的需要选择城市进入

C. 暂时不允许外资零售企业进入

3. 济南的一位财贸委官员认为，中国的零售企业（　　）。

A. 因为规模小，无法与外资零售企业竞争

B. 只要通过努力，还是可以与外资零售企业竞争的

C. 仍占绝对主导地位，不需要与外资零售企业竞争

二、词语替代练习

在不改变原意的前提下，用所给的词语改写下列句子：

1. 红火

A. 到这家超市来购物的顾客特别多，因为这里商品种类多，质量又好，更重要的是这家超市非常讲究诚信，从不以次充好欺骗消费者。

B. 这个地段的房子几年前因为交通不方便，造好以后很少有人问津。但自从轻轨和高架道路从这儿经过以后，房子一下子变得热销起来，成了抢手货。

2. 相继

A. 自泰国、越南等国发现禽流感疫情后，中国、日本等国也先后出现禽流感疫情。经过多方共同努力和采取有效措施，疫情终于被控制住了。

B. 为规范市场经济秩序、完善市场经济制度、有效促进市场经济的发展，又一批地方性政策和法规新近接连被推出。

3. 过度

A. 他为了尽快完成软件的设计工作，近一个月来，几乎每天只睡三四个小时。因为太累了，他终于病倒了，所以只得放下工作，好好休息几天。

B. 如果人类毫无节制地砍树伐林，那么，生态平衡将受到严重的破坏，总有一天我们会为自己不负责任的行为付出沉重的代价。所以我们应该尽可能地保护好森林。

4. 频频

A. 尽管伊拉克战争已结束多时，但局势并没有平静，美、英留在当地的军

队遭受武装袭击的情况几乎没有停止过,损失十分惨重。

B. 今年夏季的气候十分反常,酷暑难当,35℃以下的气温竟然很少出现,这种情况实属罕见。

5. 不景气

A. 进入21世纪以来,世界经济低迷的状态有所改变,一些国家的经济出现了逐步复苏的趋势。

B. 受"非典"的影响,国内外的游客数骤降,各家旅行社的经营一时都陷入了萧条、低迷的困境。但"非典"过后不久,旅游业就又呈现出了喜人的旺盛态势。

三、句子排列练习

根据你的理解,将下列句子进行排列,如ADBC:

1. A. 能不能在竞争激烈的市场中占据一席之地
   B. 由于外资零售企业的进入
   C. 中国的零售业市场出现了"内外激战时期"
   D. 中国的零售企业面临着严重的考验

2. A. 分的人多了
   B. 零售业市场就像是一个大蛋糕
   C. 每个人能分到的那块蛋糕也就小了
   D. 谁都想分一块

3. A. "五朵金花"控制了济南的零售业市场
   B. 在外资零售企业进入以前
   C. 如今却已经有"四朵金花"凋谢了
   D. 可以这样说

4. A. 尽管表面上内资企业仍占绝对主导地位
   B. 那位接近商务部的人士认为
   C. 因为目前内资企业无法与外资企业竞争
   D. 但那是"拿昨天的数据说今天的事"

5. A. 为应对外资的大规模进入
   B. 很多企业也在通过改制等办法积极准备着
   C. 因为中国的内资企业绝不会把蛋糕"拱手相送"
   D. 济南市政府已经采取了措施

四、词语搭配练习

根据你的理解,将下列两组词语进行搭配,如Ah、Gc:

| A 生意 | B 相继 | C 过度 | D 过渡 | E 过分 | F 做大 |
| G 主导 | H 签署 | I 准入 | J 颁布 | K 调研 | L 频频 |

| a 制度 | b 情况 | c 命令 | d 文件 | e 发生 | f 状态 |
| g 地位 | h 蛋糕 | i 出现 | j 劳累 | k 红火 | l 强调 |

五、造句练习

用所给的词语写一句意思完整的句子：

红火　相继　过度　过分　蛋糕　频频　主导　跃跃欲试　不景气

六、填词练习

根据报道内容，在空格内填入适当的词语：

商务部外资司司长认为，＿＿＿，我国商业的对外开放＿＿＿发展期，内资企业＿＿＿数量上＿＿＿市场份额上，＿＿＿绝对主导地位。目前要做的工作是，坚持有序开放的方针，＿＿＿推进我国商业的对外开放，＿＿＿我国流通现代化。

七、阅读会话练习

根据报道内容简答下列问题：

1. 2004年11月以后中国的商业零售市场将会发生什么样的变化？
2. 外资进入以后，济南市的传统商业出现了什么情况？
3. 为什么报道认为三年"保护期"内出现了"对外资过度开放"的现象？
4. 商务部外资司司长是如何评价和看待中国的商业零售市场的？
5. 你认为中国的商业零售市场会出现外资企业"一枝独秀"的局面吗？

新闻阅读

商业全面开放，外商投资国际各大巨头对战中国

在中国门外徘徊的国际商业企业，终于等来了他们盼望已久的好消息：中国正式颁布《外商投资商业领域管理办法》。《办法》不仅取消了对商业利用外资的试点工作，还进一步放开外商投资商业企业在数量、股权、地域、经营商品种类等方面的限制，并取消了对违规企业分级管理的条文。

业内人士认为,《办法》6月1日施行后,如果说过去的竞争都只停留在中商和外商之间,那么,今后就真正轮到国际商业巨头在我国短兵相接的时候了。

这一现象明显地发生在我国的建材行业。继4月11日之后,16日,全球建材零售业排名第三、英国的百安居又迅速在北京来广营开出一家面积超过15000平方米的建材新店,实现10天之内开设两家分店的豪言。

百安居的这一令人难以置信的举动显然反常,但如果了解了相关情况之后,就不会再觉得诧异了。

全球建材领域排名第四、德国最大的建材装饰购物超市——欧倍德集团,今年1月8日在天津和平路步行街附近正式开第一家店——天津福安店,这也是欧倍德在中国开设的第7家门店。欧倍德表示,今年年底之前将铁定进入北京。

而另一家在全球建材领域排名第六、欧洲第三的法国乐华梅兰建材DIY连锁集团自1998年开始,分别在广州和上海设立了代表处,而在中国的第一家店位于北京丰台桥南的科技园区破土动工,将于今年下半年开业。

业内人士认为,中国巨大的市场优势正吸引得无数国际建材巨头垂涎三尺。百安居之所以不辞辛劳、拼命圈地,就是为了捷足先登,占领市场先机。以百安居在北京市场的扩张来看,百安居利用自身较早进入的优势,占据了最好的市场。目前,百安居在北京已开业和即将开业的三家分店分别布局于北京市收入较高、经济活跃的西面、北面和东面的黄金位置,无疑就等于在这场即将入场的赛跑中抢占了好位置。

相信,其他行业今后也会相继发生类似现象。面对这一现象,我国的商业流通行业格局又将产生怎样的变化?专家分析,按照我国加入WTO的承诺,对外资企业逐步放开限制早已排定时间表,因此,国内无论是政府、国有企业、股份制企业和民营企业都已有了足够的心理准备。

实际上,像在北京,商业服务业对外开放的速度较快,包括美国沃尔玛、英国百安居、西班牙迪亚、法国欧尚、日本洋华堂、日本7—11便利店、泰国易初莲花、德国麦德龙等多种新型业态近30多家外资企业都已悉数在北京开设分店,已然形成了多方位的竞争格局。

北京市新闻发言人就曾表示,尽管外资企业进入市场的限制将被取消,但外资开店也必须与国内企业一样,选址必须符合北京的城市规划、商业服务业发展规划的要求,符合政府宏观调控的安排。

当然,更多外资一流零售企业的到来,将带动我国流通业整体水平的提高,催生一批如物美、京客隆等有实力的内资商业零售企业。他们将带来更丰富的商品、更低廉的价格、更周到的服务,以及如专卖店、专业店等新零售业态。最终的受益者将会是老百姓。

新华网(2004.04.21) 来源:《中国经济时报》

生 词

1. 对战 duìzhàn 动词

交战双方面对面进行较量。

2. 短兵相接 duǎn bīng xiāng jiē 成语

短兵:短小的兵器。比喻在很近的距离内进行较量。

3. 豪言 háoyán 名词

气势很大的、令人兴奋的话语。

4. 难以置信 nányǐ zhìxìn

难以使人相信。

5. 诧异 chàyì 形容词

令人感到十分奇怪。

6. 铁定 tiědìng 形容词

形容十分肯定,不会再有变化。

7. 垂涎三尺 chuíxián sānchǐ 成语

垂涎:流下口水。比喻十分急切地追求希望得到的东西。

8. 不辞辛劳 bùcí xīnláo

形容做事努力,不怕辛苦,不怕疲劳。

9. 捷足先登 jié zú xiān dēng 成语

捷足:走得快。比喻做事抢在别人前面。

10. 先机 xiānjī 名词

具有占先优势的机会。

11. 黄金位置 huángjīn wèizhi 名词

"金"通常用来比喻珍贵的、价值高的东西,如"金点子"(好的主意)等。"黄金位置"比喻这个位置很好,很有价值。

12. **类似** lèisì 动词

(与某种情况、现象等)相似的。

13. **业态** yètài 名词

业务经营的方式、状态。

14. **悉数** xīshù 名词

悉:全。全部的数量。

15. **催生** cuīshēng 动词

借用外界力量促使新生事物加快产生。

第七课

虽然沪深股市的表现不尽如人意,但海外投资者如赶集一般来到中国,带来资金和理念,从QFII到罗杰斯——

"外来股民"喜欢中国股市

QFII 非"神股"

5月份,QFII(合格境外机构投资者)成为中国资本市场的热点话题:5月13日,证监会批准了恒生银行、大和证券SMBC株式会社获得QFII资格。而在三天前,美林国际刚刚获批准。这样的速度是创纪录的。有关专家指出,这不仅与人民币升值压力减缓有关,更主要是针对目前股市大幅下跌,管理层推出了利好政策。从去年瑞银华宝成为第一家QFII,到今天的恒生银行和大和证券SMBC株式会社,目前已共有15家境外机构获得了QFII资格。QFII曾经被看作中国资本市场国际化和健康发展的重要手段。进入中国资本市场已近一年,它们的表现怎样呢?业内人士分析,QFII并非"神股",其盈利情况不如人们想象的那么好。不看不知道,一看吓一跳,股市连续下跌已导致QFII账面亏损。近日有近200只股跌破了1307点的价位,其中竟有一些是标榜价值投资的QFII重仓的个股,如山东黄金、宝钢股份等已跌破1307点的前期低点。另外,中金黄金、盐田港A、天津港、ST黑豹等已在1307点附近徘徊。而重仓持有新疆屯和的花旗环球金融有限公司损失最为惨重,其账面浮亏已超过60%。

"痴心"仍不改

虽然盈利情况不妙,但QFII并没有改变对沪深股市的信心。业内人士预计,到今年年底,有望出现20至30家QFII,总投资额度将超过50亿美元。QFII为什么急着赶往中国?美林证券中国研究部主管何显鸿的观点很有代表性:中国将是全球经济增长最快的地区,QFII想分享中国经济增长的这块大蛋糕。面对一个被海外投资者普遍看好的市场,我们自己也真应多些风物长宜放眼量的气魄。

QFII带来的是成熟市场盈利模式和投资理念,我们或许不该只用新兴市场的旧眼光来看待它的操作。去年7月9日,在中国A股市场投下QFII第一单时,瑞士银行中国证券部主管袁淑琴女士就坦言:外国投资者不在乎短期涨跌,更多的是从投资个股的未来发展考虑。QFII注重的是长期投资,他们崇尚"买股票就是买上市公司基本面",而不过分理会大盘短期波动以及股权分置等因素。

从这个角度来看,我们可以理解QFII的暂时被套,从来没有只赢不亏的市场,也从来没有百战百胜的机构。连股神巴菲特也有过亏损30%的经历,QFII折戟沉沙并没有什么不正常的。

我们总是过分习惯于用短线的眼光看市场。前两年社保基金买了中国石化的新股,中国石化一度跌破发行价,大家都在计算社保基金亏了多少钱。如今,看看中国石化的股价,社保基金还不是成了最后的赢家?以周五4.88元计算,社保基金4.22元的成本,加上已经拿到的红利,依然有20%的盈利,何况最高时股价近6元呢!

里昂证券:A股比H股更适宜投资

本周,里昂证券在青岛举行了里昂证券第九届中国投资论坛,里昂证券行政主席顾家利(Mr. Gary Coull)和首席经济学家韦卓思(Dr. Jim Walker)在论及中国A股市场时都认为,中国A股市场正为投资者提供机会,介入其中正当时。

顾家利认为,过去几个星期里,中国就宏观经济发布的一系列政策,导致世界股市出现波动的情况,证明了中国经济对世界经济的影响力已是越来越大,改变了过去世界经济制约中国经济的现象。同时,由于新兴的基金管理业正在培养基础研究和价值投资理念,带动了大盘蓝筹股有所表现,而QFII作为中国证券市场改革的一个重要部分,扩大并增强了市场功能。另外,民营企业发展速度迅猛,给中国经济增长带来了活力,因此,中国A股市场比H股等更适宜投资。

里昂证券(亚洲)董事长兼中国研究部主管李慧女士透露一个信息,中国的A股市场有可能纳入全球范围的指数。3月23日,富时指数宣布了新的国家分类系统,中国A股市场已经成了该指数的潜在加入者而被列入短期关注名单。投资中国A股,现在正是大好时机。她认为,对于中国的长期投资者而言,这是一种不可限量的市场催化剂。

罗杰斯:我想买个席位

量子基金创始人之一的罗杰斯本周在中国几大城市进行了几次讲演。他在上海这样说:"我对中国期货市场的未来很乐观,可能的话,我想买个席位,可惜现在不行,外国人不能投资非常不合理。我在世界各地都能买棉花或者石油,但就因为我是外国人,我不能买中国的棉花或石油。"

这番话让我们感受到将来投资中国资本市场的另一股重要力量——国际私人投资家。事实上,前几年来过上海的著名投资家,如威廉指标的创始人、布林线指标的创始人都表达过这样的愿望。

罗杰斯对中国经济以及中国股市比我们的投资者更看好,他认为崛起的中国将成为21世纪最重要的国家。5年前,他开了一个买中国B股的账户,这次他又为11个月大的女儿开了账户,"我在等机会,寻找值得长期投资的公司,买进后1股也不抛。当然问题是要找到这样的公司,如果你找到的话,请轻轻地告诉我。"罗杰斯幽默地这样说。

上海《新民晚报》(2004.05.22) 记者:连建明

背 景 分 析

由于中国的资本市场起步较晚,尤其是股市,还不够成熟,而中国的投资者对资本市场的认识也还停留在初期阶段,尤其是广大的"股民",往往抱着"尽快赚钱"的心态进入股市,所以比较多的是短期投资行为,不能对股市的中长期走势作出准确判断，因而会因市场的波动而失去投资信心，甚至放弃投资。虽然沪深股市的表现不尽如人意，但海外投资者为什么会如赶集一般来到中国呢？因为从长远来看，中国的资本市场犹如一个刚出炉的大"蛋糕"，散发出阵阵诱人的香味，境外投资者早就"垂涎三尺"，想来分享这个大"蛋糕"了。中国不断深入的对外开放为他们提供了机会，QFII（合格境外机构投资者）开始涉足中国资本市场。他们带来的不仅是资金，更带来了值得中国投资者感悟的投资理念。

摈弃传统的投资观念，接受现代的投资理念，进一步适应日益激烈的投资市场形势，尽快成为中国资本市场的真正主人，这是中国投资者的当务之急。

相 关 链 接

QFII：合格境外机构投资制度(Qualified Foreign Institutional Investors)。

通常指货币没有完全自由兑换、资本项目没有完全开放的新兴国家或地区使用的、有限度的开放证券市场的制度。它是一种允许经核准的合格境外机构投资者在一定的规定和限制下汇入一定额度的外汇资金，并转换成当地货币，通过严格监管的专门账户投资当地证券市场，其资本利得、股息等经审核后可转换为外汇汇出的市场开放模式。

中国的《合格境外机构投资者境内证券投资管理暂行办法》于2002年12月开始实施，这意味着中国流通的A股证券市场正式对外资开放。

另根据"入世"承诺，中国最晚将于2006年年底，全面取消外资银行在华的业务限制，外资银行将获准向中国内地居民提供包括人民币在内的所有金融服务。

相 关 资 料

进入中国的QFII机构（截至2004年5月20日，按获准日期先后排列）：

1. 瑞士银行 2. 发野村证券 3. 摩根士丹利 4. 花旗环球金融 5. 高盛公司 6. 德意志银行 7. 汇丰银行 8. 荷兰商业银行 9. 摩根大通银行 10. 瑞士信贷第一波士顿 11. 渣打银行 12. 日兴资产管理 13. 美林证券 14. 恒生银行 15. 大和证券SMBC株式会社

股种释义

A股：正式名称为人民币普通股票。它是由中国境内的公司发行，供境内机构、组织或个人(不含港、澳、台投资者)以人民币认购和交易的股票。

B股：正式名称为人民币特种股票。它是以人民币标明面值，以外币认购和买卖，在境内(上海、深圳)证券交易所上市交易的股票。其投资人限于外国和港、澳、台地区的自然人、法人、和其他组织。

H股：注册在内地，上市在香港的外资股。取香港英文名Hong Kong第一个字母H，所以叫做"H股"。同样在纽约(NewYork)上市的股票叫做"N股"，在新加坡(Singapore)上市的股票叫做"S股"。

蓝筹股：在海外股票市场上，投资者把那些在其所属行业内占有重要支配地位、业绩优良、成交活跃、红利优厚的大公司股票称为蓝筹股。

红筹股：20世纪90年代初诞生于香港股市。香港和国际投资者把在境外注册、在香港上市的带有中国内地概念的股票称为红筹股。

基金：一种把众多投资人的资金汇集起来，交由基金托管人(如银行)托管，由专业的基金管理公司管理和运用，通过投资于股票和债券等证券来实现收益的投资形式。基金有封闭式和开放式两种基本类型。

生 词

1. **沪深股市** Hù-Shēn gǔshì 缩略语

上海及深圳证券交易所股票市场。

2. **尽如人意** jìn rú rényì

(事物、现象等的出现、变化)完全符合人的意愿。通常用其否定句式，即"不尽如人意"。

3. **赶集** gǎnjí 动词

到集市上去买东西。集市：定期的、有一定规模的货物买卖市场。

4. **理念** lǐniàn 名词

指导事业发展的基本理论、思想、信念。

5. **股民** gǔmín 名词

股票市场的投资者。

6. 热点 rèdiǎn 名词

一个时期内特别受到社会、公众关注的事情。

7. 话题 huàtí 名词

谈话的内容。

8. 证监会 zhèngjiānhuì 缩略语

中国证券监督管理委员会。

9. 创纪录 chuàng jìlù

超过原来的、第一次出现的。

10. 针对 zhēnduì 动词

将精力或行动等非常集中地指向某个人、某件事或某种现象。

11. 下跌 xiàdiē 动词

指商品价格或股票行情等出现下降现象。

近义词：下滑、下挫等。

12. 账面 zhàngmiàn 名词

以财务凭证为依据记载的账目。

13. 标榜 biāobǎng 动词

以好听的名义对行为、举动加以宣传。

14. 重仓 zhòngcāng 名词

股市中投资者主要的、重点资金囤积的目标。

15. 个股 gègǔ 名词

个别的、具体的股票。

16. 徘徊 páihuái 动词

来回行走,也比喻犹豫不决或事物在某个范围内来回浮动。

17. 浮亏 fúkuī 名词

表面呈现出的亏损。

18. 痴心 chīxīn 名词

对人或事过于迷恋的表现。

19. 不妙 búmiào 形容词

情况不好。

20. 风物长宜放眼量 fēngwù cháng yí fàng yǎn liáng

比喻应该用长远的、发展的眼光去观察、判断、对待事物。

21. 模式 móshì 名词

由一定规范、标准所构成的制度、办法等形式。

22. **注重 zhùzhòng** 动词

特别注意、重视。

23. **崇尚 chóngshàng** 动词

推崇、尊重。

24. **理会 lǐhuì** 动词

理睬、在乎。

25. **大盘 dàpán** 名词

指市场交易(特别是证券)总的行情。

26. **波动 bōdòng** 动、名词

比喻事物、形势以及人的精神、情绪等受到影响而发生起伏变化。

27. **被套 bèitào** 动词

通常指在投资证券市场时，投资者的资金受到不利行情的影响，难以解脱。也可称作"套牢"。

28. **折戟沉沙 zhé jǐ chén shā** 成语

戟：中国古代兵器。戟折断了埋没在泥沙里，成了废铁，比喻损失惨重。

29. **短线 duǎnxiàn** 名词

指在证券、资金等市场中短时间内能体现效益或求大于供的事物。

30. **社保基金 shè bǎo jījīn** 缩略语

社会保障基金。

31. **一度 yīdù** 副词

在一个阶段内曾经短时期出现过的。也可作数量词，如一年一度，即一年一次。

32. **跌破 diēpò** 动词

证券指数或市场行情(如商品价格)下降超过一定的界限。

33. **发行价 fāxíngjià** 名词

有价证券公开发行时的价格。

34. **赢家 yíngjiā** 名词

胜利的一方。

35. **红利 hónglì** 名词

投资者因其所投资的企业经营赢利而获取的投资利益。

36. **何况 hékuàng** 连词

用于反向语气，表示比较起来显而易见。

37. 论及 lùnjí 动词

谈论到（某件事）。

38. 介入 jièrù 动词

插入其他群体间，参与或干预相关的事宜。

39. 正当时 zhèngdāngshí

正好的、正恰当的时候。

40. 宏观 hóngguān 形容词

大范围的、全面的、全局性的。

对应词：微观。

41. 制约 zhìyuē 动词

限制、约束。

42. 活力 huólì 名词

旺盛的生命力。

43. 指数 zhǐshù 名词

用于表明经济变化的数值，如物价指数、股票指数、生产指数等。

44. 分类 fēnlèi 动词、名词

按照性质、类型对事物进行区分归类。

45. 关注 guānzhù 动词

关心、注意。

46. 大好时机 dàhǎo shíjī

最好的时间、机会。

47. 不可限量 bù kě xiànliàng

无法预测估计的、巨大的（效应、作用、能力等）。

48. 催化剂 cuīhuàjì 名词

比喻能加快事物发生变化的因素。

49. 创始人 chuàngshǐrén 名词

最初建立某件事物（如组织、活动等）的人。

50. 讲演 jiǎngyǎn 动词

就一个指定主题对公众发表看法。

51. 看好 kànhǎo 动词

对事物、行情等发展前景有信心。

52. 崛起 juéqǐ 动词

比喻新兴事物的出现。

53. **幽默** yōumò 形容词

表现得使人感到有趣,甚至可笑,但却意味深长。

练　习

一、阅读理解练习

（一）根据报道内容判断下列说法正确(√),还是错误(×),如果错误,请说明理由:

1. 上海和深圳的股票行情很不错。　　　　　　　　　　　　　（　）
2. 之所以QFII成为五月份中国资本市场的热点话题,是因为又有几个外资投资机构被批准获得QFII资格。　　　　　　　　　　（　）
3. QFII的增加对缓解人民币升值压力和制止股市大幅下跌有好处。（　）
4. 中国股市的大幅下跌对QFII的影响不大。　　　　　　　　（　）
5. 尽管中国股市不尽如人意,但QFII仍很看好中国的股市。　（　）
6. 记者认为国外投资者的理念并不适合中国的投资者。　　　（　）
7. QFII不理会股票的暂时被套,是因为他们看好发行股票的那个上市公司。　　　　　　　　　　　　　　　　　　　　　　　　　（　）
8. 因为中国石化的股价跌破了发行价,所以买中国石化新股的社保基金没能成了最后的赢家。　　　　　　　　　　　　　　　　（　）
9. 中国经济由受世界经济制约转为对世界经济影响越来越大。（　）
10. 中国A股市场已经进入富时指数新的分类系统。　　　　　（　）

（二）根据报道内容,选择正确的说法:

1. 热点话题。（　）
　　A. 关于热天的谈话内容　　　B. 谈话进行得很热烈
　　C. 人们所特别关注的谈话内容
2. 这样的速度是创纪录的。（　）
　　A. 赛跑的速度打破纪录　　　B. 从未有过的事物发展速度
　　C. 事物发展的速度非常快
3. 在1307点附近徘徊。（　）
　　A. 不到1307点　　B. 超过1307点　　C. 在1307点上下浮动
4. 社保基金还不是成了最后的赢家?（　）
　　A. 成了最后的赢家　　　　　B. 没有成为最后的赢家

C. 不知道有没有成为最后的赢家

5. 一种不可限量的市场催化剂。（　　）

　　A. 一种作用很大的催化剂　　　B. 一种作用不大的催化剂

　　C. 一种限制使用数量的催化剂

二、词语替代练习

在不改变原意的前提下，用所给的词语改写下列句子：

1. 热点

　　伊拉克战争结束以后，国际社会都在谈论如何帮助伊拉克重建自己国家这个话题。

2. 针对

　　中国政府就目前国内所存在的就业难问题制定了一系列的政策，并通过有效的落实和不断的完善，使严峻的就业形势在一定程度上得到了缓解。

3. 徘徊

　　改革开放彻底改变了中国经济时进时退的局面，使中国经济取得了飞速的发展，而加入WTO更是让中国融进了世界经济的大循环中。

4. 或许

　　一直低迷的沪深股市突然出现反弹，一路向上攀升，是不是因为有什么利好消息？

5. 坦言

　　有人问松本美子为什么这么努力地学习汉语，是不是因为对汉语有兴趣，"不全是，还为了今后能战胜其他竞争对手，在中国找一份称心如意的工作。"她把心里话说了出来。

6. 注重

　　目前国内的投资者把短期的投资利益看得太重，因而往往会因为一时的波动而动摇自己投资的信心。

7. 一度

　　尽管这两年沪深股市的指数始终在1500~1600点左右徘徊，不尽如人意，但也曾经出现过攀升至1700点的时候，真是股市难测呀！

8. 何况

　　不要一亏钱就垂头丧气，股市本来就是有亏有赢的，再说，这次你亏的又不多，说不定很快就会赢回来的。

9. 关注

　　由于中国经济从受世界经济制约转变为影响世界经济，一些国际著名的经济学家把目光投向中国。

10. 正当时

俗话说"赶得早不如赶得巧",中国进一步地对外开放,人民对生活的要求不断提高,这个时候投资中国的零售市场是再合适不过的。

三、句子排列练习

根据你的理解,将下列句子进行排列,如 ADBC 等:

1. A. 他们如赶集一般来到中国
   B. 因为他们看好中国股市的前景
   C. 尽管目前沪深股市不尽如人意
   D. 但海外投资者并不太在意

2. A. 又有几家国外投资机构获得 QFII 资格
   B. 之所以 QFII 成为五月份的热点话题
   C. 是因为在这连续的几天里
   D. 这样的速度是创纪录的

3. A. 外国投资者纷纷想来中国分享大蛋糕
   B. 这绝不是我们愿意看到的结果
   C. 那中国投资者该怎么办
   D. 难道把大蛋糕拱手相送吗

4. A. 买股票就是买上市公司基本面
   B. 他们注重的是长期投资
   C. 外国投资者并不在乎证券的短期涨跌
   D. 因为他们认为

5. A. 社保基金成为中国石化股票的最后赢家
   B. 而应该有风物长宜放眼量的气魄
   C. 就是一个很好的例子
   D. 我们不应该过分习惯于用短线的眼光看市场

四、词语搭配练习

根据你的理解,将下列两组词语进行搭配,如 Ah、Gc 等:

| A 谈话 | B 获得 | C 减缓 | D 导致 | E 徘徊 | F 有望 |
| G 崇尚 | H 一度 | I 何必 | J 介入 | K 股市 | L 正值 |

| a 波动 | b 压力 | c 文明 | d 在意 | e 突破 | f 出现 |
| g 不前 | h 资格 | i 热点 | j 时候 | k 亏损 | l 其中 |

五、造句练习

用所给的词语写一段意思完整的句子：

热点　针对　注重　一度　何况　关注

六、填词练习

根据报道内容，在空格内填入适当的词语：

QFII带来的是成熟市场盈利_____和投资_____，我们_____不该只用新兴市场的旧眼光来看待它的操作。去年7月9日，在中国A股市场投下QFII第一单时，瑞士银行中国证券部主管袁淑琴女士就_____：外国投资者_____短期涨跌，更多的是从投资个股的未来发展考虑。QFII_____的是长期投资，他们_____"买股票就是买上市公司基本面"，而_____ _____大盘短期波动以及股权分置等因素。

七、阅读会话练习

根据报道内容简答下列问题：

1. 为什么说"海外投资者如赶集一般来到中国"？
2. 外投资者与国内投资者对沪深股市的看法有什么不同？
3. 为什么国内投资者的看法会与海外投资者不同？
4. 社保基金投资中国石化的前后变化说明了一个什么问题？
5. 中国A股市场比H股等更适宜投资的原因是什么？
6. 为什么罗杰斯既为自己开了个开中国B股账户，又为11个月大的女儿开了账户？

新 闻 阅 读

日本年轻人看好中国经济，热买中国股票

日本《朝日新闻》5日报道：日本年轻人瞄准中国股票

寻找将来的"本田"和"索尼"——投资中国企业的股票在日本很具吸引力。唱主角的是对日本的未来感到担忧的二十几岁和三十几岁个人投资者。经营亚洲各国股票的蓝泽证券公司4月下旬进行的香港股票交易显示，买进的资金比卖出的多几倍甚至十几倍。

据蓝泽证券介绍，许多日本投资者认为，2008年北京奥运会和2010年上海世博会举办前的状况，与日本的高速增长期很相似。也因此，投资

者似乎认为股价下跌之时正是购买股票的时机。在"索尼公司股票如果在1958年公司上市时买进,现在已上涨100多倍"等投资心理的影响下,石油、电力等基础设施股以及汽车股被投资者看好。

蓝泽证券公司从2000年开始经营中国股票,2003年下半年开始,二十几岁、三十几岁的投资者在公司开办的股票讲座等场合活跃起来。4月新开户数超过3200家,二十几岁、三十几岁的新开户者所占比例增长尤快。一位工薪男性也表示,"与停滞不动的日本股票相比,中国股票具有增长数倍的可能性",因此以17万日元为起点进行股票投资。

一家专营香港股网络交易业务的证券公司,去年11月底只有1万个交易户头,今年4月则有了2万个户头,年轻客户占其中的66%,而且不少客户表示,第一次选择交易的就是中国股票。网上交易存在依靠短线操作赚取差额的特点,投资者买入中国股票的比例显然也很高。

新华网(2004.05.09) 来源:《参编》

生　词

1. **瞄准** miáozhǔn 动词

把视线集中到一个目标上。

2. **下旬** xiàxún 名词

一个月分为三旬,每旬十天。下旬为最后十天。

3. **停滞不动** tíngzhì bú dòng

事物因受到阻力而不能顺利运动或发展。

4. **户头** hùtóu 名词

在证券市场、银行等开设的账户。

第八课

长三角：
世界第六大都市圈的诱惑

从来没有一个诱惑让这么多人心动，这就是长三角打造成"世界第六大都市"。这个都市圈将和纽约、东京等国际都市圈齐名。这个诱惑极大地鼓舞着长三角十万平方公里内的上亿人。

长三角核心城市共有16个，这16个城市以上海为龙头，浙江有杭州、宁波、绍兴、湖州、嘉兴、舟山以及新加盟的台州等7个城市，江苏有苏州、无锡、常州、南京、镇江、扬州、泰州、南通等8个城市。从地理上看，江苏主要是长江沿线城市，浙江城市主要是靠近上海周边重要经济城市，这些城市都是长三角区域房地产发展的重要城市。

强劲的区域经济成为有力支撑

就经济总量而言，长三角区域优势无可比拟，无论是珠三角还是环渤海经济圈都无法望其项背。长三角地区以约占全国1%的土地和5.8%的人口，创造了22.1%的国内总产值，24.5%的财政收入，28.5%的进出口额。上海市2001年国内生产总值位居全国榜首，苏州、杭州、无锡也均名列前10位。从城市化发展水平和经济实力来看，中国经济实力最强的35个城市有10个位于长江三角洲；全国综合实力百强县，该地区占近50%；民营企业和乡镇企业活力十足。截至2002年底，世界500百强企业已有400多家进入长三角，其中上海有184家跨国公司的地区总部或中国总部。此外，长三角还是全国人口汇集能力最强的区域，从经济发展上看，没有理由不看好长三角。

长三角也正在努力进行一体化发展。每年举行一届长三角市长论坛,共商一体化大事。2003年,明确提出要在五年内打造一个三小时都市经济圈,交通先行,交通一体化建设日夜兼程。江浙沪计划在五年内,15个都市的高速公路连接起来,实现互通。三地分别已经拿出具体交通一体化计划,仅浙江省就提出在今后五年投入600亿元,建成1000多公里高速公路。届时,长三角先从交通上实现一体化,为经济一体化打下坚实基础。

与经济一体化同步进行的是城市化进程的推进。该地区正在进行高速城市化。在这个城市化过程中将导入许多新移民,除了本区域内农村人口转为城市人口外,还有其他区域移民涌入。专家预计,未来10至15年,长三角地区人口将达1.5亿,届时,城市建设总量将翻一番,以使市政建设符合人口规模。

复地集团董事长、总经理范伟对记者说:"长三角地区良好的经济发展势头和交通便捷程度的改善,在市场力量的作用下,各类经济要素和生产力布局必将向这一金三角聚集,这为房地产市场的发展奠定了良好的基础。"

事实也证明,这些城市已经是中国未来房地产发展的重心地带。"中国房地产TOP10研究组"对中国35大城市房地产开发投资潜力的研究结果显示,长三角的上海名列第一,宁波、杭州和南京分别列第六到第八,以上海为龙头的长三角城市占据"TOP10"的四席。

报告排列顺序也暗示出,很多应该重视的城市,开发商没有足够重视,比如宁波排名在杭州、南京之前,但在房地产界,宁波的影响力远远不如杭州影响力大,这说明长三角一些城市的潜力还没有为大家所认识。

三级跳的市场魅力

和房地产商大举进入相对应的是,长三角的房地产市场异常兴旺。上海高中低价房一路攀升:低价房由一年前的每平方米4000元以下,提升到现在的近5000元以下;中价房由4000至6000元提升到5000至7000元;高价房则由6000元提升到7000元以上。

杭州市房价由1999年均价每平方米2000元上升到目前的每平方

米 5000 至 6000 元，2003 年，市中心均价已突破每平方米 8000 元，涨幅达 20%以上。

这仅仅是上海、杭州两个城市房价的涨势，还有宁波、苏州、南京等地，房价也是疯长，引得外界惊呼是房地产"泡沫"。为了抑制过火的市场，各城市不得不出台相应对策。杭州、宁波出台征收 20%二手房交易增值税政策，打击房屋炒作。据悉，上海、南京也在考虑跟进，以使市场更为理性。

政府的政策似乎反而印证了企业对市场的判断，从而坚定了企业进军长三角的信心。

从市到县，走向纵深

在诸多企业把进军江浙省会城市作为目标时，一部分企业则目光投向了二、三级城市。

招商创业上海管理总部经理刘琦坦言，自己关注的就是上海周边城市，即使是二、三级城市也无所谓。比如招商地产关注的是昆山、嘉兴这些靠近上海的城市，顺驰置地也是全面突破，在顺驰、复地的长三角战略中，就曾进入南通、舟山这样的三级城市。

青岛天泰集团眼光更是独到。天泰计划进入长三角，但在 2003 年底企业来长三角地区考察时，并没有将注意力过多放在上海、杭州这样的城市，而是将考虑重心放在嘉兴、绍兴、常州、无锡之类的三线城市。

甚至有企业开始考虑投资县城。证大置业总经理黄苏东说，在长江三角洲房地产开发过程中，大家更多的关注的是上海、南京、杭州这些大城市，但是有一个范围不能不引起关注，这就是县经济。这些县级地区正从单一的行业向产业链发展，向工业园区扩张，提升了当地经济的综合竞争力。相对于工业经济蓬勃发展，这些地区的城市建设有一些滞后，是一片有待整体开发的广阔天地。其实，证大在 2001 年的时候，就已经在浙江的嘉善县投资开发了一个占地 300 亩的"东方人家"。2001 年，证大是第一个参与县级市土地拍卖的企业，当时房价只有 800 块钱，现在已经到了每平方米 3000 多元人民币，而且是非常抢手。

很多开发商注意到一个现象是,浙江是以民营经济为主,个人可支配收入一直远远高于江苏省,购买能力强,在房地产开发方面更有发展空间。

这些大开发商不仅仅是把眼光放在长三角个别城市,而是将长三角看作一个大棋局,成为自己企业长期发展的平台,深深扎根于此。长三角一体化后,各地楼市之间的联动效应也会出现。

中国经济网(2004.03.08) 来源:《中国经营报》编辑:何静文

背 景 分 析

进入二十一世纪以后,以上海为龙头的中国长三角地区更进一步展示出其强大的经济实力和优势,并在努力打造成为与纽约、东京等齐名的第六大世界都市圈,这无疑为国内外商家提供了一个极好的发展机遇。长三角有着发达的经济基础,丰富的人文资源、便捷的交通和诱人的发展前景,投资长三角成了近期商家们的热门话题,随着将有更多移民的导入,房地产更是成了投资者争抢的"香饽饽",于是长三角房地产价格出现了飞涨的现象,政府不得不相继出台有关政策加以抑制。当诸多商家聚焦江浙大城市的时候,更有一些目光远大的商家将目光盯住了二、三级等中小型城市,乃至县城。他们期待在那里挖到"第一桶金"。

长三角的开发成了中国新一轮经济腾飞的亮点。

相 关 资 料

世界五大都市圈

1. 北美五大湖以芝加哥为中心地区都市圈,主要包括芝加哥、底特律、匹茨堡、多伦多、蒙特利尔等城市;

2. 英国以伦敦为中心都市圈,主要包括伦敦、伯明翰、利物浦、曼彻斯特等城市;

3. 欧洲西北部以法国巴黎为中心都市圈,主要包括巴黎、阿姆斯特丹、鹿特丹、海牙、安特卫普、布鲁塞尔、科隆等城市;

4. 日本太平洋沿岸以东京为中心都市圈,有东京、大阪、名古屋三个东海道城市群组成，主要包括千叶、东京、横滨、名古屋、神户等城市；

5. 美国东北部大西洋沿岸以纽约为中心都市圈，主要包括纽约、波士顿、华盛顿、费城等城市。

中国目前重要的三大都市圈

1. 环渤海（京津冀）以北京为中心的都市圈，主要包括北京、天津、唐山、保定、秦皇岛、廊坊、沧州、承德、张家口等城市；

2. 长江三角洲以上海为中心的都市圈，主要包括上海、南京、杭州、宁波、绍兴、湖州、嘉兴、舟山、苏州、无锡、常州、镇江、扬州、泰州、南通、台州等城市；

3. 珠江三角洲以广州为中心的都市圈，主要包括广州、深圳、佛山、珠海、东莞、中山、江门、惠州、肇庆等城市。

生　词

1. **长三角** Chángsānjiǎo 缩略语

中国长江三角洲，包括上海、浙江杭州湾以及江苏长江沿线等地区。

2. **都市圈** dūshìquān 名词

由一个主要城市和周边诸多中小城市组成的地域范围，该地域内城市密度大、城市化程度高、拥有一定规模数量的人口。

3. **诱惑** yòuhuò 名词、动词

作名词时的意思是带给人吸引力的事物；作动词时的意思是带着一定的目的去吸引别人，通常为贬义。

4. **齐名** qímíng 动词

具有同样的名气、地位。

5. **上亿** shàngyì 数量词

数量达到一亿。"上"后面只能跟"百"以上的量词，如"上百、上千、上万、上亿"等。

6. **龙头** lóngtóu 名词

比喻在某个领域或行业中实力最强大的、居于头领地位的人或团体。

近义词：领头羊、领军人物等。

7. **无可比拟** wú kě bǐ nǐ 成语

一个事物具有很大的优势或长处,其他事物无法与它进行比较。

8. **望其项背** wàng qí xiàng bèi

项背:人的颈项和脊背。"无法望其项背",不能看到前面人的背影,比喻两个事物间的差距很大,表示没办法赶上或与之相比。

9. **综合实力** zōnghé shílì 名词

一个国家或地区等在经济、科学、军事、文化等方面集中体现出来的整体实力。

10. **百强县** bǎiqiángxiàn 名词

中国经济发展快、经济实力强的一百个县。

11. **截至** jiézhì 动词

通常用于进行某种统计的最后确定时间,如截至2004年5月31。

12. **一体化** yìtǐhuà

将原本分散的、但具有某种关联的事物实行相对集中的结合。

13. **日夜兼程** rìyè jiānchéng

白天和晚上都在赶路。比喻抓紧一切时间去完成一件工作。

14. **进程** jìnchéng 名词

工作按计划进行的过程。

15. **导入** dǎorù 动词

把一件事物引入到另一个事物中。

16. **翻一番** fānyīfān 动词

增加了一倍。

17. **便捷** biànjié 形容词

方便、快捷。

18. **布局** bùjú 名词

对一种由多个方面组成的事物进行全面的安排。

19. **金三角** jīnsānjiǎo 名词

"长三角"具有很高的经济发展价值,所以也被称为"金三角"。

20. **聚集** jùjí 动词

(人、事)汇聚、集中(在一起)。

21. **四席** sìxí 数量词

席:席位。比喻具有某种资格的坐位,如四个议会席位。

22. **暗示** ànshì 动词

通过一种不明确的形式来表达想法或愿望。

23. **魅力** mèilì 名词

很能吸引人的力量。

24. **异常** yìcháng 副词

超出正常限度的(行为、现象等)。

25. **攀升** pānshēng 动词

(股票、市场等行情)在好的状态下逐渐往上升。

26. **泡沫** pàomò 名词

比喻事物中虚假的、与实际不相符的、给人造成假象的成分。

27. **增值税** zēngzhíshuì 名词

商品在流转过程中产生增值情况时所应缴纳的增值部分的税款。

28. **跟进** gēnjìn 动词

跟在别人的后面采取行动。

29. **理性** lǐxìng 形容词

能合理、客观地对事物进行判断、推理。

对应词:感性。凭经验或主观感觉对事物进行判断、推理。

30. **印证** yìnzhèng 动词

通过一定的方法或某种结果来证明事物的真实性。

31. **独到** dúdào 形容词

特别的、与众不同的。

32. **提升** tíshēng 动词

提高、上升(到某一个阶段或某一个水平)。

33. **滞后** zhìhòu 动词、形容词

事物因跟不上形势的发展而落在后面。

34. **拍卖** pāimài 动词

货物委托专业机构进行公开竞价销售,以出价最高者为最后买主。有时商家也将减价销售货物称为"大拍卖"。

35. **抢手** qiǎngshǒu 形容词

事物(如商品)非常受欢迎。

36. **空间** kōngjiān 名词

比喻可用于生产经营、科研活动等方面的时间、范围等。

37. **大棋局** dà qíjú

比喻一个大的、变化多的局势、状态。

38. **平台** píngtái 名词

比喻工作或经营等各种活动的环境、场所、机会等。

39. 联动效应 liándòng xiàoyìng

由一件事物影响、带动其他事物产生相关的效果和反应。

40. 乃至 nǎizhì 连词

用以连接事物更大更广的范围或更深更强的力度等。

41. 香饽饽 xiāngbōbo 名词

原意为一种食品。比喻受人喜爱并都想得到的东西。

42. 聚焦 jùjiāo 动词

原为照相术语。比喻将视线、注意力集中到某一处。

43. 第一桶金 dìyītǒng jīn

比喻最初的、最先得到的利益。

44. 亮点 liàngdiǎn 名词

一件事物中特别引人注目的地方。

一、阅读理解练习

（一）根据报道内容判断下列说法正确(✓),还是错误(×),如果错误,请说明理由：

1. 长三角将成为与纽约、东京等同样有名的国际都市圈。（　）
2. 可以与长三角的经济总量相比的还有珠三角和环渤海经济圈。（　）
3. 从经济发展上看,我们有理由看好长三角。（　）
4. 宁波市的房地产开发影响力不如杭州,是因为杭州具有更大的开发潜力。（　）
5. 目前长三角县级地区的城市建设不能满足其工业蓬勃发展的需要。（　）

（二）根据报道内容,选择正确的说法：

1. 中国目前比较重要的三个经济区域是（　）。
　　A. 长三角经济区、珠三角经济区、海南经济区
　　B. 珠三角经济区、环渤海经济区、长三角经济区
　　C. 东北老工业经济区、长江流域经济区、西部经济区

2. 珠三角经济区和环渤海经济圈的经济发展前景（　）。
　　A. 无法与长三角经济区相比

B. 与长三角经济区相近

　　C. 超过长三角经济区

3. 实现长三角一体化发展的首要工作是(　　)。

　　A. 开发房地产事业,使市政建设适应人口增加的需要

　　B. 加快交通一体化建设,打造一个三小时都市经济圈

　　C. 加大招商引资力度,吸引更多的外资企业来投资

4. 有些企业开始把目光投向三级城市甚至县城是因为(　　)。

　　A. 他们看好三级城市及县城的开发潜力

　　B. 他们无法与其他的企业在大城市进行竞争

　　C. 他们认为大城市的开发余地已经很小了

二、词语替代练习

在不改变愿意的前提下,用所给的词语改写下列句子:

1. 打造

经过多年的研究、设计、制造,中国终于有了一个响当当的世界著名的商标——"海尔"。

2. 齐名

尽管中国已经成为世界第四大汽车生产国、第三大汽车销售国,但至今还没有一个自主品牌能与世界名牌汽车相提并论,这不能说不是一个很大的遗憾。

3. 龙头

可以这样说,任何一个企业要想在激烈的中国市场竞争中长期统领某一个行业是不可能的,稍有不慎,随时都会被别人所替代,因为中国市场已经成为世界商界关注的中心。

4. 截至

根据有关方面报道,到去年底,中国城乡从业人员总量已经达到74432万人,其中城镇从业人数为25639万人。

5. 异常

经检验,车辆的制动、转向系统完全正常,交警部门判断,这次交通事故是人为因素所引起的,果然,驾驶员连续驾车八小时,因为疲劳而睡着了,所以出了车祸。

6. 独到

在这次设计方案讨论会上,尽管有不少人发表了很有创意的见解,但周工的看法更是与众不同,引起了出席会议有关部门的重视。

7. 抢手

F1大奖赛首次在中国上海举行,受到了国内外赛车爱好者的关注,入场券的销售情况很好,其中最受欢迎的是五百元左右一张的入场券。

8. 乃至

长三角经济无论是在中国或是世界的经济发展上都将站占据重要的一席之地,俗话说"机不可失,时不再来",投资长三角是你的明智之举。

9. 翻(了)一番

公司进入正常运转后,原材料的供应得到了保证,操作人员的技术也有了很大的提高。再加上设备达到了设计的工作状态,所以今年的产量比去年整整增加了一倍!

10. 无可比拟

经济的迅猛发展,人民对现代生活的追求,这就形成了一个巨大的中国市场,世界上任何一个国家的市场都无法与这个市场相比。

三、句子排列练习

根据你的理解,将下列句子进行排列,如ADBC等:

1. A. 长三角受到了社会各界的关注
   B. 更是使长三角充满了吸引各方投资者的魅力
   C. 作为中国经济最发达的地区之一
   D. 而即将打造成世界第六大都市圈的诱惑

2. A. 长三角地区地处中国的东海之滨
   B. 这里不仅有良好的地理环境
   C. 还有扎实的经济基础和丰富的人文资源
   D. 位于长江下游沿岸和杭州湾周边

3. A. 就从这点来看
   B. 尽管长三角只拥有全国1%的土地和10.4%的人口
   C. 国内任何一个地区都无法与其比拟
   D. 但却创造了22.1%的国内总产值

4. A. 各地政府纷纷出台相关政策加以控制
   B. 长三角地区的房价出现了疯长的趋势
   C. 为抑制过火的房产市场和打击房屋炒作行为
   D. 由于房地产商的大举进入

5. A. 有些大发展商把目标转向长三角
   B. 他们不仅把目光放在个别大城市

C. 更是准备扎根在整个长三角地区

D. 为使企业能够长期得到发展

四、词语搭配练习

根据你的理解,将下列两组词语进行搭配,如 Ah、Gc:

A 打造　　B 龙头　　C 截至　　D 交通　　E 布局　　F 魅力
G 情况　　H 诸多　　I 发展　　J 一大　　K 炒作　　L 引起

a 空间　　b 合理　　c 异常　　d 品牌　　e 无限　　f 亮点
g 地位　　h 行为　　i 原因　　j 便捷　　k 关注　　l 月底

五、造句练习

用所给的词语写一段意思完整的句子:

打造　截至　聚集　异常　抢手　乃至　亮点　无可比拟

六、填词练习

根据报道内容,在空格内填入适当的词语:

就经济总量而言,长三角区域优势_____,_____珠三角_____环渤海经济圈都无法望其项背。长三角地区以约占全国1%的土地和5.8%的人口,创造了22.1%的国内总产值,24.5%的财政收入,28.5%的进出口额。上海市2001年国内生产总值_____全国_____,苏州、杭州、无锡也均名列前10位。____城市化发展水平和经济实力_____,中国经济实力最强的35个城市有10个位于长江三角洲;全国综合实力百强县,该地区占50%;民营企业和乡镇企业_____。截至2002年底,世界500百强企业已有400多家进入长三角,其中上海有184家跨国公司的地区总部或中国总部。此外,长三角还是全国人口汇集能力最强的区域,从经济发展上看,_____长三角。

七、阅读会话练习

根据报道内容简答下列问题:

1. 中国目前重要的都市圈有哪些?

2. 看好长三角都市圈的理由是什么?

3. 要实现长三角经济一体化发展,当前应该采取哪些重要的步骤?

4. 长三角的房地产市场出现了什么现象?

5. 为什么说有些企业在参与长三角的开发上眼光独到?

新闻阅读

长三角:距离正在缩小

围绕长三角 16 个城市的地图边界作一勾勒,一张"圆月弯弓"图就呈现眼前。在这张"弯弓"中的城市,正在聚集各自的力量,以期发出"一体化"之箭。

将刚刚逝去的 2003 年称作"长三角年"毫不为过,一组统计数据可以佐证:该年上半年,长三角 16 市(包括新加盟的台州市)GDP 平均增速为 14.1%,高于全国同期平均增速 5.6 个百分点;在该年中期出炉的全国百强县评比中,江浙沪三省市共有 44 个县和县级市入选,几乎占据半壁江山。

在这一年,苏浙沪三地高层领导在长三角区域间频繁穿梭,正致力于将一个想像中的长三角都市经济圈在方圆 10 万平方公里的土地上实现。

决策者们不约而同地表明了"接轨"愿望:浙江要向上海"虚心学习、主动接轨、真诚合作、互利共赢"(习近平),江苏说长三角区域经济一体化"是我们共同的任务,共同责任,更是我们的共同利益之所在"(李源潮),上海则表示要"学习江浙、依托江浙、服务江浙、接轨江浙"(陈良宇),三省市高层领导所表现的对长三角经济一体化"共同利益"的期待,在以往的江浙沪三地合作史上是罕见的。

距离在缩小

早在 1982 年,国家领导人就提出了"以上海为中心建立长三角经济圈"的想法,但当时的长三角经济圈仅包括上海、南京、宁波、苏州和杭州。

1993 年,上海正式提出推动长三角大都市圈发展的构想,新的长三角经济圈实行强强联手,由两省一市组成,即江苏、浙江、上海。

10 多年一晃而过,当年一心一意"紧靠上海发展"的苏州,如今已成为国内吸引台资最多的地方,其每年的 GDP 拾级而上。

历史总是惊人的相似。今天,当长三角新一轮合作与发展大潮汹涌而至时,上海周边城市又遇到了似曾相识的问题。

在这个问题中,起决定作用的仍然是城市心理。每个城市都在发展壮大,每个城市都希望在新一轮的一体化进程中占尽"天时"和"地利"。

令人欣慰的是,2003年的长三角,距离开始缩小。杭州明确提出,要积极接轨上海,并坦言"大树底下好乘凉";南京则表示,要把"处理好与上海的关系"和主动"接受上海辐射",看作是南京融入长三角的重要举措。

这时的上海表现出谦逊,表示要与两省15市共荣共进。

增长的诱惑

2002年11月,中国政府成功地申办了2010年上海世博会。据测算,2010年世博会参观人次将超过7000万,而30亿美元的直接投入、100多万平方米的场馆建设以及庞大的基础设施建设,所产生的产值效应是以百亿为单位计量的。

2003年8月,长三角16城市政府高官共同签署了一份《以承办"世博会"为契机,加快长江三角洲城市联动发展的意见》(以下简称《意见》)达成六大共识。

这份被誉为"南京宣言"的《意见》,所要表达的意思只有一个,"'世博会'不仅是上海的,也是长三角的。"

有媒体表示,世博会将成为长三角城市联动、互动的"引擎",它将把长三角城市的合作,从务虚推向务实。

实际上,带来诱惑的并不是"世博会"本身,而是与"世博会"并肩而至的城市经济增长机遇。为了搞活"世博经济",长三角各城市将加强招商引资的分工与合作,还将定期交流产业结构调整信息,以正确引导区域内招商活动,降低招商成本。

更具远见的立意是,长三角将把吸引跨国公司在长三角设总部或区域性中心,作为全区域的战略来抓,"坚决破除以邻为壑、相互拆台的障碍"。

"接轨",一时间成为长三角各大城市最惹眼的词汇。有报道说,南京将从诸多方面加大与长三角城市"接轨",包括发展沿江地区的五大产业集群,在产业结构上呼应上海;加快高速公路及沪宁高速铁路交通动脉建设,加强与上海和长三角其他城市在基础设施上的"无缝对接"……而杭州则表示,要从交通、环保、产业布局等各个方面的规划做起,与上海"接轨"。

变化每天都在发生:上海通往江苏、浙江的快速通道已增至7条;江苏的高速公路进入苏州境内后,将有5条与上海对接;上海、无锡、苏州正在努力建设三地公交IC卡的"无缝对接"……

这些以上海为中心的"接轨",有着一个共同的名义:增长。

什么样的一体化

有专家预测,长三角经济在相当长一段时间内,将持续保持平稳快速的增长态势,其强大的外联内扩优势,是外商和内资、国际市场和国内市场相互对接的战略要点。

在全球经济一体化的宏大背景下,积极推进长三角区域经济的一体化,必将促进沪苏浙三地各种资源要素的合理配置,拓展长三角经济发展的空间,提升长三角的国际竞争力。

问题是,长三角一体化应是一种什么样的一体化?

答案肯定不是惟一的。但是,长三角一体化的总体思路应该是被广泛认同的:坚持互惠互利、优势互补、市场主导和系统协调原则,有效发挥区域经济的"累积效应"和"扩散效应",构建城市布局合理、市场高度开放、产业结构互补、信息资源共享、交通体系完备的区域经济共同体,以降低交易成本、行政成本、制度成本,增强整个区域的综合竞争力。

有人认为,长三角一体化,至少应该包括如下内容,即形态、市场、产业、交通设施、信息、制度、生态环境的一体化。也就是说,一体化并不是一个空洞概念,它有着丰富而实在的内容。

而比一体化内容更重要的,是实现一体化的过程,因为伴随着增长,过程本身更为波澜壮阔和丰富多彩。

文新传媒网(2004.01.14)来源:《东方早报》作者:何桥

生　词

1. 勾勒 gōulè 动词

比喻把事物或现象的大致轮廓描绘出来。

2. 逝去 shìqù 动词

比喻时间(像流水一样)过去了,消失了。

3. 毫不为过 háobùwéiguò

一点儿也不过分。

4. 佐证 zuǒzhèng 动词

(用事实)证明。

5. 加盟 jiāméng 动词

加入某个联合组织或团体

6. 半壁江山 bànbì jiāngshān 成语

比喻某件事物在整体中占有相当大的比例。

7. 穿梭 chuānsuō 动词

梭:纺织机件。比喻来往次数多,很频繁。

8. 致力于 zhìlìyú

把力量集中在(某个方面或某件事上)。

9. 罕见 hǎnjiàn 形容词

很少见。

10. 强强联手 qiángqiáng liánshǒu

实力强大者相互联合起来。

11. 一晃而过 yī huǎng ér guò

形容过得很快。

12. 一心一意 yì xīn yī yì 成语

形容很专心,没有其他任何杂念。

13. 拾级 shíjí 副词

沿着台阶一步一步地(上去)。

14. 似曾相识 sì céng xiāngshí

好像曾经认识。

15. 天时、地利 tiānshí dìlì

比喻外部客观有利的条件。俗话说:"天时不如地利,地利不如人和。"

16. 大树底下好乘凉 dàshù dǐxià hǎo chéngliáng 俗语

比喻依靠势大力强的事物来得到利益,取得发展。

17. 谦逊 qiānxùn 形容词

谦虚。

18. 共荣共进 gòng róng gòng jìn

共同繁荣昌盛,共同发展前进。

19. 申办 shēnbàn 动词

申请办理、举办(某件事)。

20. 共识 gòngshí 名词

(对事物或现象的)共同的认识。

21. 誉为 yùwéi 动词

(对某个人或某件事)进行赞美比喻。

22. 引擎 yǐnqíng 名词

发动机。

23. 务虚 wùxū 形容词

就具体工作进行理论、思想等方面的研究讨论。

24. 务实 wùshí 形容词

讲究实际,注重具体工作的实施。

25. 并肩而至 bìngjiān ér zhì

肩并肩来到。比喻一起来。

26. 以邻为壑 yǐ líng wéi hè 成语

壑:深沟。把邻国当作排泄洪水的沟壑,比喻把困难、灾祸推给别人。

27. 相互拆台 xiánghù chāitái

比喻相互制造麻烦、困难。

28. 惹眼 rěyǎn 形容词

引人注目的。

29. 无缝对接 wúfèng duìjiē

比喻两个事物结合得很紧密,没有留下任何痕迹。

30. 外联内扩 wàilián nèikuò

对外实行联合,对内实行扩大。

31. 空洞 kōngdòng 形容词

没有实际内容的。

32. 波澜壮阔 bōlán zhuàngkuò 成语

形容气势、规模很大。

第九课

面对来势凶猛的外资企业，
中国房地产商：我们并不畏惧竞争！

最近，从从事二手房中介业务的台湾信义、21世纪不动产等企业，到房地产开发商凯德置地、信和置地等，以及房地产金融类企业如麦格理管理咨询公司、ING，各家对中国内地房地产业的投资都大大提速。这是内地严格控制房地产贷款、严格整理土地市场以后，市场面最直接的反应。中国房地产无疑正在快速进入"资本为王"的时代，很多实力雄厚、觊觎中国房地产市场良久的外资企业都想把握时机在这个大市场中占领重要席位。

外资来势凶猛

最近外资企业在中国房地产领域的投资，可以用波澜壮阔来形容。

"到2012年，我们的店面总数将要达到1500家。"台湾最大的二手房中介公司信义房产管理咨询（上海）有限公司总经理夏智亮对记者说，"现在，我们的门店在200家左右，已经进入了上海、苏州、南京、杭州、北京这些城市，我们会陆续进入更多的城市，要成为中国二手房中介第一品牌企业。"

作为行业中坚力量的外资开发商，更是不遗余力地大展身手。新加坡的凯德置地就是其中的代表。中国区执行总裁林明彦称："在未来5年内，我们的投资规模将翻一番。现在，我们在中国市场的投资规模已超过120亿元人民币。我们将不断寻觅契机，加大在上海和北京的住宅和商用房产的投资，积极开拓广州市场，密切关注重庆、成都、大连等二线城市的发展。"除了直接投资外，2003年，凯德置地在中国建立了房地产基金，基金的规模在1亿至2亿美元。据悉，凯德置地早期的在华投资取得了巨大收益。

一直与中国内地市场息息相连的香港房地产企业，投资更是迅猛。香港房地产五虎之一的信和置地，今年一改多年的对中国市场的观望态度，携手中海地产在内地四处出击。4月，连连在成都、深圳拿下两大地块。至此，香港地产五虎将齐聚内地。不久前，美国洛克菲洛集团宣布参与上海外滩源改造。香港嘉华集团也明确表示，要把在上海的投资额增加至集团总投资额的30%至40%。

最为热闹的是房地产金融领域。不久前，排名世界前三强的房地产基金ING收购了Rodamco Asia公司在北京和上海的两个房产项目。麦格理银行的中国子公司麦格理管理咨询（上海）有限公司总经理章利华对记者说："三、四月份，麦格理银行的高层两次访华，希望加大在华投资。我们自己也扩展了业务。"章利华还透露："现在，欧美很多企业，甚至包括很多私人基金，都在找机会进中国。"

政策调整提供机遇

去年，121文件一出台，敏感的企业就意识到中央政府要逐步调控房地产业。今年三、四月份，中央政府开始全面实施宏观调控，相继出台了一系列关于银行信贷、土地审批的政策。由于银根紧缩，使得一部分中小开发商资金吃紧，不得不考虑卖地。据报道，杭州、上海都出现了一些小企业，由于告贷无门，不得不把地当给典当行，以解燃眉之急。更多的则是试图将地转让出去，卖给资金实力雄厚的房地产企业。这对外资企业来说无疑是扩张的良机。章利华明确告诉记者："这次宏观调控，将一些实力差的中小房地产企业淘汰出局，空出来很大市场空间。这对我们来说是很好的机会。原来我们一块地都找不到，现在可以挑选了。"

事实上，外资本身是看好中国市场的。章利华说："这些外资一直在等着机会进来，今年中国对外资的金融开放领域更加扩大，也是外资加速进入中国的一个重要原因。"

本土企业不惧强敌

面对外资企业咄咄逼人的竞争态势,上海复地集团董事总经理范伟的反应是:"我们并不畏惧竞争!上海房地产市场化程度高,空间足够大,竞争历来就已存在。尽管外资资本雄厚,但各有各的目标群体和定位,所显露的优势也不一样,房地产行业是一个非常本土化的行业,本土的开发商相对可能会更熟悉了解本地市场。"复地今年刚刚香港上市,募集资金17亿港元。在最近的上海市房地产50强的评选中,名列第三。有资本、有品牌的复地已经成为本土的代表性房地产企业之一。

凯迪·欣九联集团销售副总经理张义鸿也对记者说:"外资房地产企业进入必然引起中国房地产市场竞争加剧,我们并不惧怕和外资企业竞争。事实上,竞争将使中国的房地产市场成为公平竞争的平台,给有市场运作实力的中国房地产开发企业提供良好的发展机遇。竞争之后,将形成一种'群雄并存,竞相逐鹿'的新的竞争格局。"一直不肆张扬的凯迪·欣九联集团刚刚被评为上海房地产50强企业,名列第11位,是近年来发展迅速的房地产企业代表之一。

外资企业在内地的投资风险比较高,比如不熟悉本土市场、不熟悉中国投资的潜规则等等。外资企业的劣势恰恰是本土企业的先天优势。而且,经过10多年发展和多次的市场洗礼,中国房地产企业也逐渐走向成熟,涌现出一大批有规模、实力的房地产商,如万科、绿地、复地、世茂、顺驰等等。这些优秀本土企业,熟悉本地市场,有资源,有人脉关系,资金实力也逐年提高。2003年,万科、绿地销售额已经超过60个亿,资金实力已经颇为雄厚。这些企业是外资房地产企业在中国市场的强有力的竞争对手。而且,这些优秀本土企业也将成为这轮宏观调控的最终受益者。正如范伟所言:"未来的市场,是外资企业的,也是我们的。"

新华网(2004.05.31) 来源:《中国经营报》 作者:王其明

背景分析

近一个时期来,中国房地产事业发展迅速,尤其是住宅产业,更是异常红火。但同时也出现了一些问题,如农业用地大量被占用、银行的贷款大量增加、空置房和积压房大量出现,房屋的炒作行为大量存在等,这些现象无论是对整个国民经济的发展或是房地产事业本身来说,都带来了一定的影响。为此,国家和政府出台了一系列宏观调控政策,有效地抑制了房地产市场中的一些过热现象,但也给中国的房地产商带来了严峻的考验,资金成了房地产开发的一个重要砝码,面对资金雄厚的外资房地产企业的挑战,中国房地产商将如何应对呢?

相关链接

2003年6月13日,中国人民银行下达了《关于进一步加强房地产信贷业务管理的通知》,即文章中所提到的"121"号文。继2003年9月21日提高1个百分点后,2004年4月25日,中央银行再次提高贷款准备金率0.5个百分点;"五一"前,国务院下发通知,将房地等产业的投资自有资本金比例由29%提高到了35%;银监会也在"五一"前下令,严格控制贷款。同时,国务院加大了对土地市场的整顿,特别强调要采取最严格的保护耕地措施。

4月30日,国务院下令暂停审批农业用地转为建设用地。据报道,中国目前人均耕地1.43亩,不到世界人均水平的40%。近7年来,全国耕地减少31亿亩,占全国总量的5%以上。

相关资料

存款准备金是指金融机构为保证客户提取存款和资金清算需要而准备的在中央银行的存款,中央银行要求的存款准备金占其存款总额的比例就是存款准备金率。中央银行通过调整存款准备金率,可以影响金融机构的信贷扩张能力,从而间接调控货币供应量。我国的存款准备金制度是在1984年建立起来的。根据宏观调控的需要,自1998年以来我国存款准备金率进行过四次调整,一次是1998年3月将存款准备金率由13%下调到8%,一次是1999年11月存款准备金率由8%下调到6%,2003年9月21日和2004年4月25日,分别调至7%及7.5%。

生 词

1. **来势** láishì 名词

事物或动作到来的气势。

2. **从事** cóngshì 动词

投身到(某项工作、某个事业)。

3. **二手房** èrshǒufáng 名词

再次进行交易的房屋。

4. **中介** zhōngjiè 名词、动词

为交易双方提供交易信息、办理交易相关事宜,并收取相应的酬金。

5. **不动产** búdòngchǎn 名词

不能移动的财产。通常指土地、房屋及附着在上面的、不可分离的部分等。

6. **提速** tísù 动词

提高、加快速度。

7. **觊觎** jìyú 动词

希望得到(本来不该得到或难以得到的东西)。

8. **良久** liángjiǔ 形容词

相当长的(一段时间)。

9. **把握** bǎwò 动词、名词

控制、抓住(事物、机会)或指事情成功的可能性。

10. **寻觅** xúnmì 动词

寻找。

11. **中坚力量** zhōngjiān lìliang 名词

事物或人的群体中最主要、最有力的部分。

12. **不遗余力** bù yí yú lì 成语

遗:留下。不留下一点力量。形容毫无保留地用尽全部力量。褒贬均可

使用。

13. 大展身手 dà zhǎn shēnshǒu

比喻充分发挥自己的特长、优势去做事。

近义词:大显身手

14. 契机 qìjī 名词

事物转化的关键时刻。

15. 观望 guānwàng 动词

不主动采取行动而在一旁观察形势、事态的发展、变化。

16. 携手 xiéshǒu 动词

手拉着手。比喻共同去做一件事。

17. 齐聚 qíjù 动词

相聚、集合在一起。

18. 高层 gāocéng 名词

组织(如国家、政府)、团体(如企业)的主要领导人员。

19. 敏感 mǐngǎn 形容词

对外界情况、事物的出现或变化反应很快。

20. 银根 yíngēn 名词

指市场上货币周转流通的情况。货币多而流通量小叫"银根松",反之,则叫"银根紧"。

21. 吃紧 chījǐn 形容词、动词

情况紧张,资金不足。

22. 告贷无门 gàodài wúmén

比喻没有可以贷款的地方。

23. 当 dàng 动词

因需要现金,将物品低价抵押给专门的机构——典当行。

24. 典当行 diǎndàngháng 名词

接受物品抵押、提供现金的机构。

25. 燃眉之急 rán méi zhī jí 成语

形容事情非常紧急,就像火已经烧到了眉毛一样。

26. 淘汰 táotài 动词

因不适合时代需要或竞赛中实力不如别人而被去掉。

27. 咄咄逼人 duōduō bī rén 成语

咄咄:使人恐慌的声音。形容气势汹汹,盛气凌人。

28. **本土化** běntǔhuà

(经营等)形成具有当地的特点,符合当地的习惯和风格。

29. **募集** mùjí 动词

向社会广泛征集。

30. **群雄并存** qúnxióng bìngcún

不少具有雄厚实力的竞争者同时存在。

31. **竞相逐鹿** jìngxiāng zhúlù

鹿:比喻被追求的目标(利益)。竞争者为获得利益而相互进行竞争。

32. **格局** géjú 名词

(事物、现象、状态)一定的结构、式样。

33. **不肆张扬** búsì zhāngyáng

肆:过分地。不过分地对外显示。

34. **潜规则** qiánguīzé 名词

不是明文规定的、知情人约定俗成的规则。

35. **劣势** lièshì 名词

不好的、缺乏竞争力的状态。

反义词:优势。

36. **先天** xiāntiān 名词

事物一出现就具有的特点、品质。

37. **洗礼** xǐlǐ 动词

原为基督教的一种宗教仪式。现比喻经受重大事件的锻炼和考验。

38. **人脉** rénmài 名词

人与人之间所存在的人缘血脉关系。

39. **颇为** pōwéi 副词

相当地、超出一般地。"颇为"后面通常跟形容词,如"颇为紧张"。

40. **受益者** shòuyìzhě 名词

得到、享受到利益的人。

41. **银监会** yínjiānhuì 缩略语

中国银行业监督管理委员会。

词语辨析

1. 募集、筹集、收集

三个词同为动词。

"募集"是指就某件事情或因某种需要而公开、广泛地向社会进行征集(钱财、物品,合作者、志愿者等),如"2008北京奥运会将向社会募集志愿者"。

"筹集"是指通过想办法来获得所需要的东西,尤其是资金,如"据报道,上海世博会的直接投资约需筹集30亿美元的资金"。

"收集"是指因组织、团体的需要、或个人、群体的爱好等将有关物品集中起来并进行保管,如:"北京故宫博物院收集了大量中国的珍贵历史文物。"

2. 优势、优异、优先

"优势"是名词,指具有其他的人或事物所没有的有利条件或形势,如"熟悉国情是中国企业的一大优势"。

"优异"是形容词,指成绩、结果或行为表现等特别好、特别突出,如"祝你在这次考试中取得优异的成绩"。

"优先"是副词,指在行动、待遇等方面具有占先的地位,如"女士优先(做出某种举动)"。

3. 敏感、敏捷、敏锐

三个词都是形容词。

"敏感"形容对外界情况、事物的出现或变化反应很快,如"这是一个敏感话题"。

"敏捷"形容动作、思维等反应迅速、及时,如:"经常参加体育运动不仅能锻炼身体,还能使人的行动变得更敏捷。"

"敏锐"指思维敏捷,观察分析能力强,如:"敏锐的观察力、果断的决策力、强大的凝聚力等都是一个企业家所应具备的素质。"

一、阅读理解练习

根据报道内容判断下列说法正确(✓),还是错误(×),如果错误,请说明理由：

1. "外商投资大大提速"说明外商加快了投资中国房地产的步伐。（ ）
2. 内地严格控制房地产贷款和整理土地市场是导致外资房地产商投资提速的一个直接的原因。（ ）
3. 中国房地产还没有开始进入"资本为王"的时代。（ ）
4. 台湾信义房产要成为中国最大的二手房中介公司。（ ）
5. 香港有五个重要的房地产企业，现在都已进入内地市场。（ ）
6. 香港嘉华集团将把在上海的投资再增加30%至40%。（ ）
7. 银根紧缩使中小企业陷入了困境，却给外资企业带了机遇。（ ）
8. 中国房产商之所以不畏惧外资企业，是因为他们实力的也非常雄厚了。（ ）

二、词语替代练习

在不改变原意的前提下，用所给的词语改写下列句子：

1. 从事

这十多年他一直在房地产行业工作，所以非常熟悉房地产行业的一些"潜规则"。

2. 良久

这件事关系重大，稍有不慎将会导致严重的后果，所以他一直静静地待在屋子里独自思考，最后决定冒险干一次。

3. 中坚力量

你们这几个年轻人既有技术，又有闯劲，同时思维敏捷，我相信，在取得了一定的实践经验后，一定都能在公司里发挥巨大的作用。

4. 不遗余力

陈水扁为了鼓吹"一中一台"、"两个中国"等荒谬言论真是费尽了心计，但这只能是个梦想，永远不可能实现，因为海峡两岸的中国人民都不会答应的。

5. 寻觅

为了买这本《成语词典》，我不知跑了多少地方了，今天终于买到了，真是"功夫不负苦心人"！

6. 观望

恐怖行动给全球带来了不安定因素和死亡威胁，任何一个国家都应该采取积极的反恐行动，共同制止恐怖行动的进一步蔓延。

7. 吃紧

很抱歉，最近我的钱连自己都不够用，实在没法借给你，你还是另想办法吧。

8. 燃眉之急

虽然我们所能给予的支援十分有限,微不足道,但希望能帮助贵方摆脱即将停产的困境,以表示我们的一片诚意。

9. 定位

每个企业的情况都不相同,所以在确定自己的经营方向或方式时,应该在认真分析市场的基础上,结合自己的特点,做到"扬长避短","以奇制胜"。

10. 颇为

由于事先做好了充分的准备,加上学校有针对性的指导,所以不少留学生对自己这次 HSK 考试的成绩感到十分满意。

三、句子排列练习

根据你的理解,将下列句子进行排列,如 ADBC：

1. A. 也有房地产开发商
   B. 最近不少外资房地产商都加速了对中国的投资
   C. 还有一些是房地产金融业的企业
   D. 他们当中既有从事二手房中的企业

2. A. 并在努力成为中国二手房中介的第一品牌企业
   B. 还准备向更多的地方发展
   C. 来自台湾的信义房产公司雄心勃勃
   D. 他们不仅已经进入上海、北京等城市

3. A. 香港的信和置地终于无法抗拒内地市场的诱惑
   B. 连连在内地四处出击
   C. 与中海地产一起
   D. 改变了多年的观望态度

4. A. 这就给外资开发商提供了扩张的好机会
   B. 他们有的不得不把地当给了典当行
   C. 有的不得不试图转让土地
   D. 银根紧缩使得一些中小开发商资金吃紧

5. A. 因为他们还占有"天时、地利、人和"的优势
   B. 而一些实力雄厚的中国房地产商不畏惧竞争
   C. 一些中小企业缺乏竞争力被淘汰也是情理之中的事
   D. 优胜劣汰是竞争的法则

四、词语搭配练习

根据你的理解,将下列两组词语进行搭配,如Ah、Gc：

A 考虑　　B 把握　　C 四处　　D 加大　　E 迅猛　　F 相继
G 银根　　H 扩张　　I 目标　　J 公平　　K 历经　　L 颇具

a 洗礼　　b 寻觅　　c 定位　　d 力度　　e 规模　　f 收紧
g 良久　　h 竞争　　i 异常　　j 机会　　k 出台　　l 良机

五、词语选择练习

选择恰当的词语填入下列空格中：

1. 把握、把持、把手

A. 操纵这台机器的_____在哪里？请你告诉我。

B. 如果我们再不_____这次机会,也许以后真的没希望了。

C. 由一两个企业_____市场的局面已经彻底被打破。

2. 募集、筹集、收集

A. 为支援灾区人民,政府向广大市民_____钱财、衣物。

B. 王力宏是一名集邮爱好者,他_____了不少世界各国的邮票。

C. 发行股票既提供了投资机会,也是企业_____资金的一种途径。

3. 优势、优异、优先

A. 在路上行走遇到残疾人时,应该让他们_____通过。

B. 虽然你的经验不如他,但你也有自己的_____,比如说年轻、有创新精神。

C. 韩国足球队在2002年世界杯决赛中取得了_____的成绩。

4. 敏感、敏捷、敏锐

A. 一个成功的企业家必须具备一种对市场_____的观察力。

B. 他对这件事很_____,所以和他在一起时,尽量不要提起此事。

C. 你看这个小伙子的身手多_____,才一眨眼的功夫,就已经登上了房顶。

5. 扩张、扩充、扩大

A. 为了不断开发新产品,这家公司又一次对设计部门进行了人员_____。

B. 拉动内需,_____销售,这是国民经济发展的需要。

C. 不少外资企业为了实施对外_____策略,不约而同地都把目光投向了中国市场。

六、造句练习

用所给的词语写一段意思完整的句子:

从事　良久　把握　寻觅　颇为　不遗余力　燃眉之急

七、阅读会话练习

根据报道内容简答下列问题:

1. 为什么说中国房地产无疑正在快速进入"资本为王"的时代?
2. 进入中国房地产市场的有哪些外资企业形式?最主要的是哪一种?
3. 中央政府的宏观调控政策出台后,中国的房地产市场发生了什么变化?
4. 中国房地产商不畏惧外资企业的原因是什么?
5. 与外资企业相比,中国房地产商具有哪些竞争优势?

海外资本进军北京房地产市场提速?

如果没有意外的话,3月28日北京房地产市场将迎来土地新政后的首支香港访问团。

3月18日,在朝阳园香港达力集团中国部总经理黄世达的办公室,一份来自中华全国工商联住宅产业商会香港分会的文件清晰地罗列了该访问团此次赴京的成员名单和行程。

在这份篇幅并不算长的名单中,其组成成员不但有住宅产业商会香港分会的有关负责人,还有地产界、银行界的老总,工程师,设计师,律师。在为期三天的行程安排中,参观北京市土地整理储备中心、外资在京地产项目和宣武区旧城改造项目,以及和北京房地产界、有关管理机构接触都将是其中重要内容。

在热闹非凡的北京房地产市场,或许并没有多少人在意此次或许只算是一次相当平凡的访问,但是一些敏感的业内人士却将其和变化中的北京房地产市场的大气候联系起来。

一个半月之前，北京市人民政府办公厅下发2004年4号令——《关于停止经营性项目国有土地使用权协议出让的补充规定》。《规定》称：自今年1月9日开始，北京将停止经营性项目土地的协议出让，全部采取招标、拍卖、挂牌的方式在土地市场公开交易。

"其实，《规定》的要旨可归结为一句话：北京房地产市场将会变得越来越透明和规范，"黄世达说，"海外地产商进军北京的速度也会越来越快。"

泛城中国董事胡港文说："4号令主要是就房地产开发的土地取得方式而言，其实，海外地产商进军北京市场不仅仅要看土地、金融政策，更为重要的是整个投资环境的改善。土地只是其中的一个元素而已。"

因此，胡港文认为，此次香港访问团赴京考察北京房地产市场，即使不能说是港资对北京房地产市场投递出来的一个明显信号的话，也可以说是对未来北京房地产市场充满信心的一个利好举动。

胡港文说："4号令无疑十分重要，但更为重要的是相关政策的具体实施方案和操作方法。"胡港文说，4号令颁布以后，迄今为止，据他熟知的许多海外开发商大都还处于调整状态，"对于新政策带来的影响，比起外地的开发商，海外开发商有一个更长的调适期，如同当初他们进军内地一样"。

有资料显示，据不完全统计，近一年来，海外资本投资北京房地产业的项目将近20个，总建筑面积在500万平方米以上，涉及投资总额近30亿元人民币，投资方所在国家包括新加坡、美国、日本、加拿大、英国、荷兰、德国、印尼等。其中尤以新加坡为甚，包括新加坡国浩房地产集团、吉宝置业、凯德置地在内的数家新资房地产开发商在北京排兵布阵。

"就房地产开发的市场化、国际化程度而言，应该承认，上海现在走在前面。"黄世达说。

3月12日，国家统计局发布的《2003年全国房地产开发市场景气状况报告》显示，2003年上海商品房平均价格达到每平方米5118元，首次超过北京，成为全国房价最高的城市。业内人士分析，上海房价之所以超过北京，除了快速增长的经济适用房拉低北京房价平均水平外，上海房价飙升的最主要原因是外资的介入，外资在上海打造了一批价格高昂的地产项目。

黄世达说,当然这并不意味着北京日益增多的海外地产商会成为北京房地产市场的主流,海外地产商的进入是市场日益规范、透明的一个必然结果,同时也会继续推动这种发展趋势。

新加坡凯德置地中国控股集团总经理王会干对笔者说:"根据现在的形势,预计3到5年之后,北京房地产开发的国际化程度将会大大提高。当然,国际化程度的推进不一定仅仅是由海外地产商带来的。随着北京国际化程度的提高,本土企业也有一个逐步国际化的过程。就此而论,海外地产商功不可没。"

王会干认为,随着对外开放程度的日渐深入,市场化程度越来越高,市场环境越来越透明,将会有更多的外地、海外开发商到北京投资。4号令无疑是一个契机,不过,海外资本的进入是一个逐步和理性决策的过程,不太可能出现一拥而入的情况。海外地产商进入北京的企业也有两种:一些规模比较小的企业会注重短期效应,因此,奥运对于这些开发商而言意义非凡;但是,对于更多的、特别是一些实力雄厚的投资商而言,奥运只是其投资北京的一个因素,他们更着眼于长期。因此,对于这些企业而言,即使是北京房地产市场竞争已经相当激烈的现在,进来也为时不晚。

新华网(2004.03.19) 来源:《参考消息》 作者:杨昱

生　　词

1. **新政** xīnzhèng 名词
新的政策措施。

2. **罗列** luóliè 动词
将事物、现象等一个个展现出来。

3. **要旨** yàozhǐ 名词
主要的、重要的目的、意义。

4. **迄今** qìjīn 副词
到现在(为止)。

5. **调适期** tiáoshìqī 名词
调整适应期。

6. 排兵布阵 páibīng bùzhèn 成语

为采取某个行动而率先做好相应的人员、物质、安排等准备。

7. 景气 jǐngqì 形容词

形容事物、现象处于兴旺状态。通常用否定句式,即"不景气"。

8. 飙升 biāoshēng 动词

飙:快速地。快速地上升。

9. 透明 tòumíng 形容词

比喻不掩盖事物内部的情况,让外界了解事物的真相。

10. 功不可没 gōng bù kě mò

功劳很大,不可以不承认,不可以被抹去。

11. 一拥而入 yìyōng ér rù

许多人或事物一起进入。

12. 为时不晚 wéishí bù wǎn

尽管出现了不利情况,但马上采取措施还来得及。

常用句式

尤以……为甚

固定句式。尤:(程度上的)特别;甚:强烈的、突出的。中间需加入词或短语。

第十课

温州企业掀起"整合潮流"突破传统民企运作模式

浙江频道 6 月 14 日电 温州又一次成为焦点。

后天,温州的中瑞财团控股有限公司将正式挂牌。这并非一家普通公司:它是我国首家无地域限制,并以"财团"命名的公司;它的九个股东无一不是各自行业内呼风唤雨的人物。中瑞财团副董事长、新闻发言人王振滔侃侃而谈:"我们是在探索温州民营企业运作模式脱胎换骨之路。"

来自民间的掌声,也异乎寻常的热烈。许多关注温州的经济学家说:"民营经济要继续发展壮大,联合是一个有效途径,这是对传统温州模式的突破。"

"九九八十一"

"九个大腕儿穿着清一色的法派西服和奥康皮鞋,手拉手一字排开向大家致意",在日前举行的新闻发布会上,中瑞财团九个股东的亮相方式,暗示了他们"合九为一"的坚定信心。

这的确是一个超级航母。在当地颇有实力的神力集团、奥康集团、法派集团、国光房产、耀华集团、泰力实业、星际实业、新雅集团和远洋眼镜等九家民营企业,共同发起设立了中瑞财团。根据公司章程,中瑞财团将适时不断按需增加股本,九家股东均以货币方式增加相同的出资额,以确保九家股东股权平等。所以虽然公司的创始资金仅为 5580 万元,但王振滔的话却底气十足:"我们可运作的资金将超过 100 亿元。"

九个行业捆绑成一个利益共同体，绝非心血来潮。据了解，早在酝酿之初，股东们就聘请了国内知名学者组成"中瑞财团战略发展委员会"，就中国民营经济的历史、现状、发展和制度创新等设立课题研究小组，完成了一批专题研究论文，为中瑞的出世奠定了理论基础。

作为股东之一，王滔对中瑞寄予厚望。在他看来，九家企业的联手不是"联合舰队"，而是"舰队的联合"，"中瑞财团将放大九家企业的品牌效应，这不是简单的一九得九，而是九九八十一。"话里话外豪情满怀，的确代表了不少温州老板的心态——单枪匹马纵横江湖的时代已是明日黄花。

据了解，中瑞将集九家民企的有形和无形资产，以实业运营和资本运营为主要方式，积极参与国家重点建设、企业并购和转股改制。而财团运作的敏感性，也引起了有关部门的注意。有关人士透露，8日，银监会、工商局等部门专门召集了中瑞的相关负责人开会。

"合"流汹涌

无独有偶，就在中瑞财团大赚媒体"眼球"同时，又一家温州财团——中驰财团也悄然浮出水面。据了解，中驰由温州柳市的长城集团、华通集团、民扬集团、永固金具等七家企业组成，注册资金1亿元，总资产30亿元。中瑞、中驰两大财团仅一字之差，更是引起人们浮想联翩。

电话那头，传来中驰财团行政主管魏清宇平静的声音："我们与中瑞没有任何关系，也并非跟风，在去年3月我们就开始筹划财团事宜了。"他认为此举乃水到渠成，温州资本积累已经达到一定程度，需要联手创业，需要寻找新的投资领域和利润空间。"财团成立后，七家企业还将集中精力做主业，而多元化则交由财团来完成。"

事实上，这股联合潮流早在去年就已风生水起。去年3月，温州五金商会一次例会上，十个锁业老板愁眉不展——低价竞争只有死路一条，想提升档次却又有心无力，怎么办？两个月后他们似乎找到了出路。5月23日，温州八家制锁企业合成一家，新公司名称颇具深意，叫"强强集团"。

一向挟财自重的温州老板们,怎肯舍弃"鸡头"地位?强强集团董事长黄聪弟举例说道,上世纪90年代,温州灯具业由于没有及时提升产业层次,很快在与外地灯具业的竞争中全军覆没了,"若不联合,必然重蹈灯具业覆辙,到时恐怕连'鸡头'也做不成"。

眼下,温州行业内的整合和民间资本的自发整合蔚然成风:60多家家具企业组建起"家具航母",统一品牌经营、统一市场服务、统一兴建生产基地;40家拉链企业投资3.5亿元,扛起了联合大旗;模具业也筹划组建温州模具实业总公司,联合进行技术攻关……

突破商业传统

在温州,"人人当老板"是最大的经济文化传统,过去几十年里,温州人凭借这种独立、勤奋、拼搏的文化资源,创造了带有传奇色彩的"温州模式"。但在这种经济文化传统中,同时也蕴涵着"宁为鸡头,不做凤尾"的商业心理,随着市场经济环境的成熟发展,正面临越来越多的挑战。

浙江大学经济学院副院长史晋川认为,温州人的生意集中在温州人的商业网络里,集中在低端制造业,而一旦需要产业升级或进入其他产业,温州人就缺乏力量。有人比喻,一个家庭中老大做布料,老二做纽扣,老三做服装,妹妹管销售,每天接触的购销网络也大多是温州人,他们自成体系并传给下一代。这样的商业模式,已经无法适应日渐成熟的市场经济。史晋川认为,这逼迫我们反思温州经济和温州文化,反思结果是,在现代市场经济条件下,我们固然需要独立的精神,但更需要整合的力量。

中瑞和中驰的成立,无疑是这种整合的一个风向标。温州经济学会会长马津龙评价说,就资本运作而言,阵容强大的多家企业共同投资组建财团,可以突破单个企业资本薄弱的局限,从而有助于温州民营经济进入一些资本密集型行业,这对温州企业的整体形象和温州经济的综合实力,都将是一次较好的提升。

不过,史晋川教授也同时表达了自己的两点忧虑,其一,财团股东都是温州人,出资企业也都是温州企业,这虽然有利于培育统一的企业文化,但无疑打上了"人脉化交易"的深刻烙印;其二,出资企业当中,没有一家来自于IT等高新技术产业,这使财团可以获得的高端支持相当有限。

新华网(2004.06.14) 来源:上海《解放日报》 作者:谭新政

背 景 分 析

"温州模式"曾被喻为中国经济发展中的一个"传奇",一个"神话"。在改革开放的大潮中,温州成了一个勇敢的弄潮儿。他们所开创的"温州模式"不仅响遍全国,而且还引起了国外人士的关注。在温州,民营企业遍地开花,有报道说,每四个温州人当中,就有一个是当老板的,民营经济成了温州经济的中坚力量。然而,传统的、家庭式的,或者说家族式的经济结构也给温州民营经济的发展带来了极大的阻力,惨败于他人手下的教训使他们明白了这样一个道理:"占地为王,各自为政"将使他们面临被"各个击破"的结局,惟有"强强联合,做大作强,不断提升企业层次"才是惟一的出路,于是,在温州涌动起一股"整合潮流"……

相 关 资 料

据统计,我国目前有个体户约3200万个,平均每40个人就有一个;民营企业的投资者达770万人,2003年新增民营企业57万家,新增资本1万多亿元,平均每天增加1500多家,新增资金30亿元。预计到2010年,民营投资人数将达到3000至4000万人。

数据表明,2003年底,民营经济的总量已占到国内生产总值的60%左右,民营企业已成为就业和再就业的重要渠道,据对66个城市的抽样调查显示,有近三分之二国有企业下岗人员在民营企业实现了再就业。

相 关 链 接

自改革开放以来,中国的非公有经济经历了从"公有制经济的必要补充"到以公有制为主体的"允许发展、继续发展、共同发展",再到成为"我国社会主义市场经济的重要组成部分"的发展过程,2002年的中国共产党第十六次代表大会决定:"必须毫不动摇地鼓励、支持和引导非公有经济发展"。

非公有制经济性质的企业通常指始创性私营企业、外商投资企业,以及由原国有或集体改制而成的企业。

生　词

1. 民企 mínqǐ 缩略语
民营企业。

2. 焦点 jiāodiǎn 名词
事物中最受社会公众关注的地方。
近义词:热点。

3. 挂牌 guàpái 动词
指某个企业或机关成立,有时也指某种商品在市场上标价销售。

4. 命名 mìngmíng 动词
具有相应资格的部门或机构将某个名称授予某件事物(如团体、商品等)。

5. 无一不是 wú yī bú shì
全部都是、没有一个不是。

6. 呼风唤雨 hū fēng huàn yǔ 成语
比喻具有巨大的号召力、支配力、影响力。

7. 侃侃而谈 kǎnkǎn ér tán 成语
比喻谈话从容不迫,顺理成章。

8. 脱胎换骨 tuōtāi huàngǔ 成语
比喻人或事物发生了根本性的变化,好像变成新的一样。

9. 异乎寻常 yì hū xún cháng
异:不同;寻常:平常。与平常的、常见的情况不一样。

10. 大腕(儿)dàwànr 名词
指名气大、实力强的人或组织。
近义词:大牌。

11. 清一色 qīngyīsè
比喻许多人、事物属于同一类型,或形式、做法统一。

12. 一字排开 yī zì pái kāi
比喻许多人或事物像"一"字一样,并排而立。

13. 亮相 liàngxiàng 动词

比喻人或事物以良好或特别的姿态首次出现在社会公众面前。

14. 适时 shìshí 副词

适当的时候。

15. 底气 dǐqì 名词

比喻人或事物内部存在的实力、劲头。

16. 心血来潮 xīn xuè lái cháo 成语

比喻突然产生某个想法或去做某件事,常指没有经过认真的考虑。

17. 酝酿 yùnniàng 动词

做事或采取行动前进行充分的考虑、准备。

18. 课题 kètí 名词

针对某件事而设立的研究项目。

19. 专题研究 zhuāntí yánjiū

就某个项目或某件事情进行专门的研究。

20. 出世 chūshì 动词

比喻一件新事物的产生、出现。

近义词:出炉等。

21. 奠定 diàndìng 动词

为事物的出现或发展提供稳固、扎实的条件。

22. 厚望 hòuwàng 名词

很大的期望。

23. 放大 fàngdà 动词

比喻将事物的作用、效果加以扩大。

24. 话里话外 huàlǐ huàwài

比喻谈话的内容、意思(都是围绕某个方面)。

25. 豪情满怀 háoqíng mǎnhuái

形容一个人充满豪壮、激昂的情绪。

26. 单枪匹马 dān qiāng pǐ mǎ 成语

比喻没有别人的帮助,单独行动。

27. 纵横江湖 zònghéng jiānghú

比喻在某一个范围内通行无阻。

28. 明日黄花 míngrì huánghuā 成语

比喻已经过去,失去新鲜意义。

29. **有形资产** yǒuxíng zīchǎn 名词

通常指以物态形式存在的资产,如设备、厂房、土地等。

30. **无形资产** wúxíng zīchǎn 名词

通常指以非物态形式存在的资产,如专利、版权、技术、品牌效应、企业声誉等。

31. **实业运营** shíyè yùnyíng

企业以生产、销售、服务等形式进行经营活动,从而获取企业利润。

32. **资本运营** zīběn yùnyíng

企业以资本经营为手段,如投资金融市场等,来实现资本的增加。

33. **转股改制** zhuǎngǔ gǎizhì

转化股金的构成来源,改变企业的经济体制。

34. **无独有偶** wú dú yǒu ǒu 成语

(某种事情或现象)虽然不多见,但也不是惟一的。

35. **浮出水面** fúchū shuǐmiàn

比喻原来暗藏的、不为人所知道的事物出现了。

36. **一字之差** yī zì zhī chā

只有一个字的差别。比喻因为一个字的差别而使结果大不相同。

37. **浮想联翩** fúxiǎng liánpiān 成语

脑子里产生的感想连续不断地涌现。

38. **跟风** gēnfēng 动词

比喻不主动采取行动而跟着别人行动。

39. **筹划** chóuhuà 动词

筹备、计划。

40. **此举** cǐjǔ 代词

这个举动、做法。

41. **水到渠成** shuǐ dào qú chéng 成语

比喻时机或条件成熟了,问题就能解决,事情也能顺利地做成了。

42. **联手** liánshǒu 动词

比喻几个人或几个团体联合起来(共同做某件事)。

43. **主业** zhǔyè 名词

主要的业务、工作。

44. **风生水起** fēng shēng shuǐ qǐ

比喻出现了事物产生的动静。

45. 愁眉不展 chóu méi bù zhǎn 成语

形容因为遇到困难或麻烦而心事重重。

46. 档次 dǎngcì 名词

比喻人或事物所处的水平、层次。

47. 有心无力 yǒu xīn wú lì

心里有愿望,有想法,但无力做到,与俗语"心有余而力不足"意思相同。

48. 挟财自重 xié cái zì zhòng

挟:用胳膊夹住。因为有钱而自己看重自己。

49. 全军覆没 quánjūn fùmò 成语

比喻遭受沉重的打击,彻底失败,没留下任何实力。

50. 重蹈覆辙 chóng dǎo fù zhé 成语

重走曾经翻过车的路。比喻没有吸取教训,再次遭受失败。

51. 眼下 yǎnxià 副词

现在(一个时期内)。

52. 蔚然成风 wèirán chéng fēng 成语

形容事物或现象的发展盛行逐渐形成一种良好的风气。

53. 蕴涵 yùnhán 动词

(事物内部)包含。

54. 宁做鸡头 nìng zuò jī tóu

宁可做规模小、层次低或实力弱群体的当家人。比喻要自己做主。

55. 不做凤尾 bú zuò fèng wěi

不愿在规模大、层次高或实力强的群体处于从属次要的地位。比喻不愿跟随别人。

56. 自成体系 zìchéngtǐxì

根据自己的需要和经过一个发展过程,按照自己的习惯和方法自成一体。近义词:自成一家,成语。

57. 日渐 rìjiàn 副词

一天一天,逐渐地。

58. 风向标 fēngxiàngbiāo 名词

比喻能体现事物变化的现象。

同类比喻词:晴雨表、温度计等。

59. 烙印 làoyìn 名词

原意为用火烫留下的印子。比喻留下很深的印象或痕迹。

练　习

一、阅读理解练习

根据报道内容判断下列说法正确(✓),还是错误(×),如果错误,请说明理由:

1. 温州"中瑞财团"不是一家公司。（　）
2. 社会各界对"中瑞财团"挂牌表示了赞许的态度。（　）
3. "中瑞集团"是一个建立在超级航空母舰上的公司。（　）
4. 不少温州老板都很留恋过去单干的经营方式。（　）
5. 人们对"中瑞财团"和"中驰财团"几乎同时出现并不感到意外。（　）
6. 温州人应该用"宁做鸡头,不做凤尾"的商业心理来主导今后的企业发展方向。（　）
7. "老大做布料,老二做纽扣,老三做服装……"是指一种家庭作坊式的生产经营方式。（　）
8. "中瑞财团"和"中驰财团"的成立预示着温州的企业整合将会成为一种趋势。（　）

二、词语替代练习

在不改变原意的前提下,用所给的词语改写下列句子:

1. 焦点

新一轮"六方会谈"将于近日在北京举行,这引起了国际社会地广泛关注,因为人们都期望本轮会谈能取得更多实质性的进展,这将十分有利于朝鲜半岛乃至世界的和平稳定。

2. 无一不是

世界五百强已有四百多家进驻长三角地区,谁能说他们不是冲着长三角良好的投资环境和巨大的中国市场而来的呢?

3. 异乎寻常

大家都以为他会经受不住这次失败的沉重打击,但令人感到吃惊的是,他表现得是如此平静,简直使人无法相信。

4. 适时

严密注意市场行情变化,不失时机地调整商品价格,这已经成为商家一种重要的经营策略,这就是常说的"随行就市"嘛。

5. 底气

我们公司不如贵公司那样资金雄厚,只是小本经营,不打算参加这次降价促销活动,所以请贵公司谅解。

6. 奠定

中共十六大关于支持非公有经济发展的决定使得中国的民营经济得到了异常迅猛的发展,目前民营经济在整个国内生产总值中所占比例越来越高。

7. 水到渠成

只要你能上课认真听讲,回家仔细复习,遇有不懂的地方及时向别人请教,那么,你的HSK考试自然能取得好成绩。

8. 重蹈覆辙

既然有人在这方面已经有过失败的教训,那么我们就必须引以为戒,不应该再犯别人已经犯过的错误。

9. 蔚然成风

经过多年的宣传教育,加上模范人物的榜样作用,如今,自愿献血已经成为许多公民的自觉行动。

10. 有助于

虚心吸取国外企业的成功经验,这能对内资企业的发展起到很好的借鉴作用,但我们也不能一味模仿,还必须符合自己的国情。

三、句子排列练习

根据你的理解,将下列句子进行排列,如 ADBC 等:

1. A. 所以它的出现具有特别的意义
   B. 因为它不仅是我国首家无地域限制的公司
   C. 还是以"财团"命名的公司
   D. 中瑞财团不是一家普通的公司

2. A. 他们之所以这样做
   B. 九家股东将适时以货币方式增加相同的出资额
   C. 中瑞财团的股本不是一直不变的
   D. 是为了确保九家股东股权的平等

3. A. 成立中瑞财团是水到渠成
   B. 九个行业捆绑成一个利益共同体是酝酿已久的事
   C. 在此之前
   D. 他们已经进行了充分的准备和沟通

4. A．温州实行企业间的联合并不是个别现象

　　B．所以走上了"联合"这条惟一的出路

　　C．因为他们知道低价竞争只有死路一条

　　D．早在去年五月间就成立了制锁行业的强强集团

5. A．"温州模式"的弊病开始显现出来

　　B．但缺乏整体的竞争力量

　　C．在现代市场经济条件下

　　D．传统的家族式企业固然有一定的独立性

四、词语搭配练习

根据你的理解，将下列两组词语进行搭配，如Ah、Gc：

A 挂牌　　B 无一　　C 公开　　D 适时　　E 奠定　　F 引起
G 筹划　　H 面临　　I 举例　　J 提升　　K 悄然　　L 日渐

a 关注　　b 完善　　c 挑战　　d 出现　　e 档次　　f 说明
g 营业　　h 基础　　i 成立　　j 抛出　　k 例外　　l 亮相

五、词语选择练习

选择适当的词语填入下列空格中：

侃侃而谈　　异乎寻常　　心血来潮　　单枪匹马　　豪情满怀　　无独有偶
浮想联翩　　水到渠成　　全军覆没　　重蹈覆辙　　蔚然成风　　愁眉不展

1. _____，昨天那家饭店刚倒闭，今天这家酒店又歇业了，真是"商场如战场"！

2. 破坏生态平衡将会给我们带来灾难，这样的例子太多了，我们不能_____。

3. 原以为中超联赛不怎么样，谁知一开打就出现了_____的激烈场面。

4. 别这么_____的，"山重水复疑无路，柳暗花明又一村"嘛，事情总能解决的。

5. "所以我认为近期股市将……"面对众多股民，号称"股评家"的老赵_____。

6. 你怎么能说我是_____呢，到中国去留学是我早就想做的一件事了。

7. 由于盲目进入市场，结果德成公司几乎_____，幸好没有"血本无归"。

8. 他做事总爱_____,所以很少有人他都在干些什么。

9. "只要我们同心同德,齐心协力,就一定会有个光明的前途!"陈总_____地说。

10. 面对环绕黄山顶峰的云海,他不禁_____,赞叹地说:"大自然真是太美了!"

11. 如今,扶贫助残的好风气已经_____,这个世界是属于我们每一个人的。

12. 这件事你不能性急,还没到_____的时候,再耐心等等吧。

六、造句练习

用所给的词语写一段意思完整的句子:

焦点　　亮相　　适时　　奠定　　眼下　　日渐
异乎寻常　　无一不是　　水到渠成

七、理解会话练习

根据报道内容简答下列问题:

1. 为什么说中瑞财团不是一个普通的公司?它的成立有什么积极意义?
2. 为成立中瑞财团,九个行业都做了哪些理论上的准备?
3. 王振滔说不是"联合舰队",而是"舰队的联合"的理由是什么?
4. 哪些事实说明温州企业已经无法"单枪匹马纵横江湖"了?
5. 整合前的温州企业大多处在一种什么状态?
6. 温州企业成立财团有哪些好处?现在存在哪些不足?

温州:打造国际性轻工城

曾以"温州模式"闻名于世的温州,如今又向世人展现出一个新亮点——全力打造国际性轻工城。2002年7月,新任市委书记李强代表温州市委做出了这个新的战略部署。

李强分析说,产业定位决定城市的定位,产业发展决定全局发展。温州产业发展最大的特色就是轻工产业。温州市产业发展的目标定位,是建设国际性轻工城,即把温州建设成为国际轻工产品的重要生产基地和集散地。

扩大产业集群能量

温州向来以"小商品、大市场"著称于世。上世纪末至本世纪初,温州的"小商品"已凸显"集群效应"。2001年,温州已形成鞋业、服装、打火机、眼镜、锁具、水彩笔、剃须刀、合成革、塑料编织、包装印刷等10大"簇群经济",其行业技术、工艺水平在全国处于领先地位。国家权威部门批准命名了"中国鞋都"等10个"国"字号轻工产品生产和出口基地。

这些曾经被人看不起眼的小商品成为温州经济最大的优势。其中制鞋业产值高达几百亿元,小小的打火机也创造出20亿元产值,占领全国90%的市场。在温州市工业总产值中,上述10大产业为主体的轻工业产值占据大半壁江山。

然而,温州轻工产业在相当程度上仍处于自然的"棋盘经济"状态,一些产业虽然密度高,但主要"挤"在市区,而周边的一些地方却唱"空城计"。人称:旱的旱死,涝的涝死。市区产业的"拥挤"现象,一方面对原本极其有限的土地资源造成很大的压力,另一方面也制约了自身的发展。对此,温州市委审时度势,提出打破行政区域界线,在全市范围内统一布局产业园区。思路一开,"城门"打开。占地1000亩的"中国锁都"工业园区在瓯海地区开建;占地2000亩的家具工业园区在平阳县兴建,年内62家规模企业相继入住;占地万亩的外贸服装基地在平阳县崛起;占地6.5平方公里的"中国鞋都"在鹿城区大兴土木……与以往的产业园区所不同的是,这些新型的产业园区都配套建立了产品质量与技术检测中心、工艺技术与人才培训中心、信息中心和科研成果孵化中心等。

温州市市长刘奇介绍说,打造国际性轻工城,我们更注重长远,注重可持续发展。为此,市政府从宏观到微观,不仅编制了温州国际性轻工城发展规划,而且编制了以鞋业、服装、印刷、眼镜、制笔、塑编、打火机、剃须刀、锁具、合成革等支柱行业为主的轻工行业发展规划,为全面整合提升温州工业园区的水平打下了坚实的基础。

提升产业产品品牌

温州市委、市政府清楚地意识到,提高温州的产品质量,提升产业产品品牌,是打造国际性轻工城永恒的主题。

为此,温州市制定了2002年—2004年中国名牌、浙江名牌和温州名牌培育与发展计划。其中,创出一个"中国名牌"产品,将给予100万元的政策性奖励,为相关企业注入了强大的动力。打造国际性轻工城1年多来,成果十分显著。2003年,温州市有7家企业的11个产品夺得"中国名牌"称号。温州所拥有的15个"中国名牌"产品,占浙江省1/3强。全市通过ISO 9000质量体系论证的企业高达1650家,位居全国同类地区第一。

更为可喜的是,一些知名企业开始向国际品牌进军。享有"中国名牌"、"中国驰名商标"和"中国鞋王"等美誉的康奈集团在全国制鞋业中率先实施全球战略,把温州鞋卖到了世界。企业利用众多海外温州商人的优势,在美国、意大利、法国、西班牙等十几个国家的商业主街,开了70多家专卖店,而且家家稳住了脚跟。康奈近两年将实现在海外开办100家专卖店的计划。

正泰电器集团在向国际品牌进军中,借国际展会这个平台树起中国电器品牌。2003年,集团投入上千万元,接连参加了8个高规格的国际电器展会,向世界全方位展示技术、质量、规模、营销体系形象。去年在迪拜展会上,引来迪拜王子做正泰产品的代理商。

品牌的力量是无穷的。诞生中国名牌的制革行业、服装行业、电器行业均属温州的支柱产业。值得注意的是,区域产业品牌的诞生更烘托了今天的温州。目前温州已有"中国鞋都"、"中国电器之都"、"中国锁都"、"中国纽扣之都"、"中国拉链之乡"、"中国泵阀之乡"等19个"国"字号产业基地。

强化产业发展后劲

从小家庭、小生产、小作坊进化出的温州企业家,向来有"宁做鸡头,不做凤尾"的立身立业观念。如今,一些优秀的企业家开始新一轮的搏击。

去年,温州8家制锁企业自发废除各自的企业法人,也废掉自己"总裁"、"董事长"的头衔,自愿强强联合,裹挟资金合资组建起股份制企业——强强集团。他们的这个举措在业界产生很大的震动。今年以来,温州市这股联合浪潮此起彼伏。除强强集团组建外,有40多家拉链企业,斥资数亿元,组建联合集团公司,筹建中国拉链生产基地。模具行业也共同组建温州模具实业总公司,联合对共性技术进行攻关。针对温州企业单体规模偏小、效益偏低的问题,正泰集团计划到2010年新投入160亿元,打造国际性电气制造基地。全国最大聚氨酯工业基地和全国最大氨纶生产企业之一的华峰集团,计划投资26亿元建设华峰工业园,通过10年的努力,建成国际一流的聚氨酯企业团。

目前,温州市现有企业集团180家,正泰、德力西、人民电器等3家企业跻身中国企业500强,有36家企业跻身全国民营企业500强。

专业技术教育正提供源源不断的力量。温州成立了轻工学院,学院开设家具设计与制造、模具制造等专业。浙江工贸职业技术学院开设的鞋类设计与工艺专业,被评为国家级精品专业。温州大学不但开设服装设计专业,还建成了具有国际先进水平的服装设备教学科研实验室。

市委书记李强说,利用先进适用技术改造传统产业,提升产业层次,是建设国际性轻工城的首要任务。目前全市累计建立市级以上技术研发中心58家。去年底,国家鞋类质量监督检验中心在温州挂牌,成为温州市拥有的第一个国家级检测中心。

去年,温州市政府以创新的思维组织全国科研机构招标会,将全市轻工行业30多个共性技术难题抛出去招标。去年,温州市引进中高级人才1589人次,已启动建设"高级人才库",搜集温州籍海内外专家和经济能人3435人,向浙江省引进智力办公室申报国外智力引进项目87项。

如今全球战略使温州人放开更大的步伐闯荡海外市场。温州企业先后在巴西、喀麦隆、俄罗斯、荷兰、阿联酋、美国、蒙古等国建立8个境外中国商城,有300多家温州企业进场经营,带动了国内商品出口。

新华网(2004.03.31) 来源:《半月谈》记者:张和平、潘建中 编辑:李玲

生　词

1. 闻名于世 wénmíng yúshì

被许多地方的人所知道、所熟悉的(人或事)。

2. 集群能量 jíqún néngliàng 名词

集中的、群体的能量。

3. 著称于世 zhù chēng yúshì

因某种原因而被许多地方的人所知道、所熟悉。

4. 凸显 tūxiǎn 动词

非常明显、突出地表现出来。

5. 不起眼 bù qíyǎn

形容很小,不被人注意。

6. 棋盘经济 qípán jīngjì 名词

比喻处于分散、不集中状态的经济。

7. 密度 mìdù 名词

一定范围内事物数量多少的程度。

8. 空城计 kōngchéngjì 名词

原为中国古代著名的计谋——《三十六计》之一,即在自己缺乏实力时,不让外人知道,仍以冷静、自如的姿态来应对对手,使对手上当,误以为自己早有准备,从而放弃对自己的攻击。

9. 审时度势 shěn shí duó shì 成语

仔细观察、了解形势的特点,分析、估计情况的变化。

10. 大兴土木 dà xīng tǔmù 成语

形容大规模地去做某件事,尤其是指建造房屋等。

11. 可持续发展 kě chíxù fāzhǎn

指能使自然、经济、社会协调统一的社会发展。

12. 美誉 měiyù 名词

给人留下美好印象的声誉、名气。

13. 均属 jūnshǔ 动词

都是属于(某个范围、类型等)。

14. 烘托 hōngtuō 动词

使主要的事物更突出、更鲜明。

15. 头衔 tóuxián 名词

拥有某种职务的名称。

16. 裹挟 guǒxié 动词

包起来用胳膊夹着。比喻带着自己的财物去做某件事。

17. 举措 jǔcuò 名词

举动、措施。

18. 跻身 jīshēn 动词

凭借自身的实力,使自己上升到(某种行列、某个位置)。

19. 精品 jīngpǐn 名词

做工精致的、质量较高的、数量不多的、具有使用或观赏价值的物品,如商品、作品等。

20. 招标 zhāobiāo 动词

准备兴建工程或进行大宗商品交易时,公布标准和条件,招收承包组织或个人。

21. 闯荡 chuǎngdàng 动词

离开自己居住的地方,到外面去创业、谋生,经受锻炼。

部分练习参考答案

第一课

一、阅读理解练习

判断题

正确:第 1、3、5、6、8 题

错误:第 2、4、7、9、10 题

第 2 题　理由:合并重组后,将统一使用"北京首都旅游集团有限责任公司"的名字,而原来企业著名商标字号则作为品牌予以保留。

第 4 题　理由:并没有改变,仍为国有独资企业。

第 7 题　理由:不是扩大经营班子,而是改变经营班子重叠的状况。

第 9 题　理由:新首旅并不排除整体上市和改变国有独资企业性质的可能性,但现在还不是合适的时候。

第 10 题　理由:内资旅游企业还存在比外商企业更了解中国人的需要、更容易解决"中国人需要中国人的服务"等方面问题的优势。

二、词语替代练习

1. 支撑

随着中国经济体制改革的不断深入,非公有制经济所起的作用越来越大,成了国民经济中一个重要的支撑部分。

2. 履行

作为签订合同的双方,我们都必须严格履行合同所规定的条款,你们单方面半途终止合同是要负法律责任的。

3. 要素

凡是喜欢摄影的人都知道,要拍出一张满意的照片,必须掌握好光圈、速度和距离这三要素之间的关系。

4. 衔接

中国再一次实现了火车的全面提速。火车提速是一项复杂的系统工程,需要许多方面的密切配合,任何一处的衔接稍有不慎都有可能导致提速失败。

5. 升级

商家为树立良好的企业形象,对硬、软件设施进行了升级。如今当你进入一些大型市场时,会有一种回家的感觉,既舒适,又温馨。

6. 重叠

这两个会议的时间重叠了,我该去参加哪一个会议呢?

7. 借助

为了增强市场竞争力,我们将在借助国内外著名企业的成功经验的基础上,结合自己的具体情况来实现对企业的改造。

8. 亟待

外商企业兵临城下,而且都是兵强马壮,而内资企业本来就势单力薄,再单打独斗必将一败涂地。所以亟待解决的事是如何尽快组织起千军万马,以应对外商的挑战。

9. 谋求

不少中小型国有企业为了谋求新的出路,不约而同地都采取了联手合力、优势互补、共同抗击风险的做法,对企业进行合并重组,增强了企业的生存能力。

10. 不排除

中国政府一贯致力于通过和平的方式来解决台湾问题,但如果台湾当局顽固坚持"两个中国"、"一中一台"或其他分裂中国的立场,中国政府不排除可能采取其他的解决形式。

三、句子排列练习

1. ADCB

经北京市政府批准,北京的三家旅游企业实施了合并重组,这三家企业占有很大的北京旅游市场份额,支撑着北京的旅游产业。

2. CDBA

三家企业都是国有独资公司,尽管实行了合并重组,但新首旅国有独资的性质并没有改变,依旧由北京市国资委依法履行出资人的职责。

3. BDCA

按照完善和延伸旅游"六大要素"产业链的思路,新首旅将尽快进行关联性业务的整合,并以具有竞争优势的经营品牌为支撑,组建起七大专业公司。

4. DBAC

为完善法人治理机构,新首旅将全面实施配套改革,通过调整和强化功能等手段,提高董事会的决策水平。

5. CBAD

面对国际大型饭店的大举进入,当务之急是做大做强国内的旅游服务企业。不然的话,将有可能出现"大鱼吃小鱼"的局面。

四、词语搭配练习

　　Ah 履行承诺　　Bj 位居前列　　Cg 予以表扬　　Dc 整合资源
　　Ek 再造辉煌　　Fb 升级换代　　Gf 重叠现象　　Hi 下属部门
　　Id 内涵丰富　　Ja 亟待改进　　Ke 借助外力　　Ll 健全机构

五、词语选择练习

　　1. A. 重新　　B. 重叠　　C. 重复
　　2. A. 谋求　　B. 要求　　C. 追求
　　3. A. 强壮　　B. 强大　　C. 强化
　　4. A. 亟待　　B. 期待　　C. 等待
　　5. A. 进程　　B. 过程　　C. 流程
　　6. A. 实行　　B. 履行　　C. 执行
　　7. A. 帮助　　B. 借助　　C. 协助

六、造句练习

　　略。

七、阅读会话练习

　　1. 答：合并重组后的"北京首都旅游集团有限责任公司"形成了一条完整的旅游产业链，并将成为全国最大的旅游集团，控制的资产总量达到150亿，主要经济指标均居全国旅游企业集团的前列。

　　2. 答：因为这三家企业原来的商标字号都有着巨大的影响力和竞争优势，能成为新首旅围绕旅游主业而建成的七大专业公司的有力支撑。

　　3. 答：共有饭店业、旅行社业、餐饮业、汽车服务业、旅游商业、景区景点业和会展业等七大板块。

　　4. 答：有旅游业的康辉旅行社和神州旅行社等；有餐饮业的全聚德、仿膳、丰泽园、四川饭店、聚德华天和东来顺等；有汽车服务业的首汽、友联等；有旅游商业的贵友商厦，以及一系列以燕莎命名的燕莎商城、新燕莎金源购物中心、燕莎奥特莱斯购物中心，还有古玩城等。

　　5. 答：三家企业合并重组的目的是通过业务资源的整合，在规模化和专业化的基础上，引进国内和国际的战略合作伙伴，加快对下属实体的股份制改造，逐步使产业多元化。

　　6. 答：因为还没有到合适的时候，目前新首旅最重要的任务是自身的"强身健体"。

　　7. 答：因为段强认为，旅游服务和产品是针对"人"的，中国人需要中国人的服务，相对于外国企业，中国企业更了解中国人的需要，这就是中国旅游业所具有的优势。

第二课

一、阅读理解练习

（一）判断题

正确：第3、4、7、9、10题

错误：第1、2、5、6、8题

第1题　理由：上海世博会的30亿直接投资来源是政府出资、部分商业贷款和市场筹得。

第2题　理由：从历史上来看,盈利、持平和亏损的世博会各占三分之一。

第5题　理由：参展商参加是博会主要是他们的文化和公关价值的需要。

第6题　理由：应该是"园外"经济对整个经济的贡献比"园内"更大。

第8题　理由：世博会给上海带来的是潜在的城市效应。

（二）选择题

1. C　　2. C　　3. A

二、词语替代练习

1. 至今

世博会自1851年在美国洛杉矶第一次举办起，至今已有150多年的历史。2010年将在上海举行的世博会是首次在发展中国家举办综合类世博会。

2. 并非易事

企业要想生存并非易事,哪像你说的只要有钱就行了,还需要不断开发新产品、树立良好的企业形象、提供优质的售后服务等,不然钱花完了,企业也完了。

3. 绝不仅仅

举办世博会绝不仅仅只是带动了经济发展，打造城市品牌、提高国际地位、增加城市功能、培养城市文明、提升城市精神等都是举办世博会所带来的收益。

4. 纷至沓来

在北京举行的国际汽车展览会是中国目前最大的汽车展览会，参观这个具有世界一流水平汽车展览会的国内外人士纷至沓来。

5. 息息相关

世界经济的发展与持久和平的环境息息相关。为了全球的共同富裕,我们应该通过和平的方式解决一切争端,尽量避免战争的发生。

6. 千载难逢

邓小平的南巡讲话进一步表达了中国打开国门、走向世界的坚定信心,为中国的经济腾飞创造了千载难逢的大好机会。

7. 水涨船高

经济发展了,国家强大了,人民的生活也水涨船高,一天天好起来,日子越过越富裕,心情越来越舒畅,这就是今天的中国。

8. 与时俱进

21世纪世界进入了知识信息飞速发展的时代,新的科学技术层出不穷,变化日新月异,稍不留意,也许就成了时代的陌生人,我们必须与时俱进!

9. 圆……梦

经过多次艰苦卓绝的努力,中国终于圆了举办综合类世博会的梦。中国将通过举办上海世博会来向世界充分展示21世纪中国的无限魅力。

10. 为……画上一个圆满的句号

日本大相扑来华公演受到了热烈的欢迎,相扑运动员的精彩技艺博得了观众潮水般经久不息的掌声。大相扑在本市的成功公演为这次难忘的中国之行画上了一个圆满的句号。

三、句子排列练习

1. CABD

对于30亿美元所带来的乘数效应,专家学者纷纷进行预测,大多认为能带来5至10倍的乘数效应,甚至有人作出了"将给上海带来129亿美元的收入"的精确估算。

2. DBCA

尽管世博会的场馆是一个相对封闭的场所,但并不意味经济爆发力只存在园内,因为大型博览会最直接的受益者是举办城市的旅游业,所以园外经济对经济发展的贡献更大。

3. BADC

举办世博会不仅能拉动相关产业经济的发展,还能提升城市的国际地位,促进城市文明程度的提高,所以举办世博会对城市建设具有巨大的推进作用。

4. ADCB

无论是法国埃菲尔铁塔,还是日本关西经济带,都从一个侧面证明了这样一个事实:世博会总能给举办国或举办城市留下一笔宝贵的财富。

5. CDAB

举办世博会不仅给上海带来了机遇,也给中国带来了机遇。因为世博会所创造的收益是无法估算的,这是一个有目共睹、不容置疑的事实。

四、词语搭配练习

Ag 确立地位　　Bc 无法估量　　Cj 会议透露　　Df 绝非易事
Ee 资本雄厚　　Fb 掐指算来　　Gh 交通枢纽　　Ha 量化指标
Id 辐射作用　　Ji 诱发因素　　Kl 品牌效应　　Lk 成功举办

五、改错练习

1. 错误:关联词使用不当,不应该使用递进关联词,应该使用转折关联词。

改正后:尽管世博会总能给主办城市带来无法计算的后续效应,但是,从历史上看,要想直接盈利并非易事。

2. 错误:用词重复,"一天天"与"日益"意思相近,用一个即可。

改正后:举办世博会的后续效应之一是能推动举办城市的经济日益(或一天天)得到发展。

3. 错误:用词不当,应把"引导"改为"导致"。

改正后:世博会的基础设施投资将导致上海固定资产投入的进一步增加。

4. 错误:用词不当,应把"相对于"改为"相对"。

改正后:根据国际展览局的要求,世博会的展览场馆是一个相对封闭的场所。

5. 错误:因果关系颠倒。

改正后:之所以2010年的世博会在上海举行,是因为上海蓬勃发展的经济得到了国际的认可。

六、造句练习

略。

七、阅读会话练习

1. 答:巴黎世博会后埃菲尔铁塔成为法国和巴黎的象征;日本大阪世博会后形成了关西经济带;德国汉诺威世博会最终确立了汉诺威全球会展业龙头城市的地位。

2. 答:不一定,从历史上看,盈利、持平和亏损各占三分之一左右。

3. 答:据透露。约30%为政府支出,40%至50%为商业贷款,20%至30%从市场筹得,包括发行债券、文化彩票及上市募资。

4. 答:与世博会有关的基础设施投资将导致上海固定资产投资的增长;促进国内社会相关产业投资的增长;外商直接投资增加。

5. 答:因为预计7000万世博会参观者中将有30%至35%的人继续留在

华东地区游览,中国最为富庶的华东六省一市都将成为上海世博会的重要客源地,同时受到上海世博会直接的辐射和推动。

6. 答:世博会举办后的后续乘数效应主要有拉动国民经济生产总值,增加城市功能,提升国际地位,提供了产业和技术以及文化与旅游交流的两个平台,促成人们精神层面的提升等。

第三课

一、阅读理解练习

(一) 判断题

正确:第 1、2、4、5、9、10 题

错误:第 3、6、7、8 题

第 3 题　理由:并不是消费者从来就不喜欢国产车,而是能够赢得消费者信赖的国产车实在太少了,消费者难以抉择。

第 6 题　理由:因为要改变一个消费观念不是一朝一夕的事情,需要比较长的时间,所以即使中国的生产能力、技术水平达到国际先进,但消费观念不会很快改变。

第 7 题　理由:应该是一个成功品牌的影响比一个产品的影响大,因为一个产品只能影响一段时间和一定的消费者,而一个成功的品牌可以影响几代人,甚至几个世纪。

第 8 题　理由:创立自主品牌的目的不是为了体现繁荣市场,而是为了使利益得到长期的增长。

(二) 选择题

1. C　　2. A　　3. C

二、词语替代练习

1. 届时

A. 这个星期五下午一时整,学校将在二楼会议室举行留学生座谈会,听取留学生对教学的意见和建议,届时务请出席。

B. 今年的北京国际汽车博览会将于下月在国际展览中心举行,据报道,届时将会有不少最新款式的世界著名品牌汽车展出。

2. 榜上无名

A. 虽然 2003 年公布的全球 100 个最有价值的品牌排行榜中中国汽车榜上无名,但出现了一个中国电器品牌,那就是"海尔"。

B. 虽然这学期我的期末考试成绩榜上无名,但不灰心,下学期一定更努力,争取期末考试"榜上有名"。

3. 信赖

A. 郑淑贤同学很乐于帮助别人,凡是答应别人的事总是能够做到、做好,所以同学们都很信赖她,有事都爱找她帮忙。

B. "海尔"经过多年的努力,终于成为世界著名品牌,消费者喜欢它,是因为信赖它的产品品质和售后服务。

4. 顺理成章

A. 章先生担任这个公司的副总经理已经有好几年了。这次总经理退休,大家都认为由他来接替总经理的位置是顺理成章的事,但谁也没想到,刚升任副总经理的小黄接替了总经理的位置。

B. 有些商家认为,只要自己商品的价格比别人低,占领市场也就顺理成章了。其实更重要的是商家的诚信,信誉好才能把生意做大。

5. 捷径

A. 学习汉语没有什么捷径可走,只有下功夫多听、多说、多练习、多与中国人交流才行,这样才能真正提高自己的汉语水平。

B. 做事情有时需要"摸着石头过河",这样可以积累经验和教训;有时候则可以借鉴别人的做法,因为这是能使我们尽快获得成功的一条捷径。

6. 一味

A. 我们不能为了眼前的利益而放弃了自主品牌的开发,把精力、财力一味放在"贴牌"生产汽车上,因为这样做的话,中国的汽车工业将不能得到真正的发展。

B. 做事难免会有失败的时候,如果我们不是认真寻找自己的不足之处,而一味强调其他的原因,那么,我们还可能犯同样的错误。

7. 相对而言

A. 我感到这次 HSK 考试的各种题型都比较难,但相对而言,我认为听力更难一些。

B. 这两套服装都不错,但我还是买这一套,因为尽管都是著名品牌,但相对而言,国内穿那一种品牌服装的人比较少,我也得随大流呀。

8. 充其量

A. 本来说这次来中国比赛的是一支国际顶级足球俱乐部,而现在看来充其量只是一支二流球队,我真是白花了这两百元的冤枉钱。

B. 如果不是以自主品牌为主导,而靠的是进口车、合资车,那么即使拥有再多的汽车,充其量也只能算是个汽车消费大国,无法跻身于汽车工业大国的行列。

9. 日程

A. 你的申请具体什么时候能有结果,这个我很难说,但据我所知,老总们已经把讨论你的事提上日程,尽快给你一个明确的答复,你再耐心等两天吧。

B. 尽管上海世博会要到2010年才举行,但自申博成功之日起,世博会的各项筹备工作就已经被纳入上海市政府的工作日程。

10. 期待

A. 拥有自主品牌的汽车并不是我们的全部追求,我们期待有更多标上"Made in China"字样的产品走出国门,走向世界。

B. 战争中的人们经历了太多太多的苦难,他们厌恶战争,反对战争,期待和平的早日到来,还他们安稳、平静的生活。

三、句子排列练习

1. CBDA

尽管中国已成为世界第四大制造国、第三大汽车消费市场,但在2003年全球100个最有价值的品牌排行榜中,中国汽车却榜上无名,这是为什么呢?

2. BCAD

既然"发展民族工业,支持民族品牌"是中国消费者秉持的信念,又为什么放弃了对"民族品牌"的支持呢?归根结底,民族品牌车还不能赢得消费者的信赖。

3. ACDB

如果一味引进国外汽车品牌,放弃了自主品牌的开发,那中国只能停留在汽车的"消费和生产"大国上,而不能成为真正的汽车"工业"大国。

4. CADB

一个没有生命力的企业,除了被淘汰或成为别人附庸的命运,还能有什么好结局呢?难道就不想堂堂正正地拥有一个真正属于自己的企业吗?

5. ADBC

创立自主品牌不是一朝一夕的事,不仅需要企业的努力,也需要消费者的支持,因为发展中国汽车工业是我们每一个人所期待的。

四、词语搭配练习

Aj 届时到会	Bl 感到遗憾	Ce 何以见得	Dg 值得信赖
Ec 一贯秉持	Fi 难以抉择	Gd 首选品牌	Hk 无力抗衡
If 利益驱动	Ja 一味追求	Kh 工程上马	Lb 工作日程

五、造句练习

略。

六、填词练习

以填写顺序排列：

丰厚　误以为　捷径　一味　潜意识　盲目　一旦　即使……也　而非

七、阅读会话练习

1. 答：中国已成为世界第四大制造国、第三大汽车消费国，但在巨大的国内汽车市场上，进口车和合资车占据了绝大部分的市场份额，因而几乎没有国产自主品牌的汽车，这成了中国汽车工业的一大遗憾。

2. 答：尽管"发展民族工业，支持民族品牌"是中国消费者一贯秉持的信念，但由于就目前而言，中国能够赢得消费者信赖的品牌实在太少了，消费者几乎没有选择的余地，他们只得放弃对"民族品牌"的支持，转而购买知名度高、选择余地大的进口车或合资车。

3. 答：他们并没有真正找到一条通向"汽车大国"捷径，他们只是将"贴牌"生产汽车误认为是一条通向"汽车大国"捷径，而事实上这样做恰恰阻碍了中国汽车工业的发展，因为这将使中国长时间停留在汽车的"生产"和"消费"大国上，而并非是汽车"工业"大国。

4. 答：因为掌握了品牌的控制权就不会受制于他人，能增加核心竞争力，可以通过品牌来利用他人的劳动力和资源，有效降低产品成本，同时也可以迅速培育起自己新的消费者，长期抢占对方的市场。

5. 答：越来越多的汽车厂已经意识到，只有发展自主品牌，才能给中国汽车工业带来发展。包括奇瑞、吉利、哈飞，以及上汽、东风、长安等著名的国内民族汽车企业在内，有的已经全链条地培育起自主品牌，有的相继将开发自主品牌的汽车提上了日程。相信在不久的将来，将有更多的贴有"Made in China"品牌的汽车出现在中国，乃至世界的汽车市场上。

第四课

一、阅读理解练习

（一）判断题

正确：第1、4、7、9、10题

错误：第2、3、5、6、8题

第2题　理由："就业"比"再就业"的范围更广一些，有了工作就是就业；而"再就业"指的是原来有工作，失去以后重新找到工作。

第3题　理由:不是一件好事。因为这将带来劳动力的供给量大于就业岗位需要量的问题,出现失业情况。

第5题　理由:从事新兴产业、行业以及技术性职业需要有较高的素质和一定的技能。

第6题　理由:"富余劳动力"是指城乡无工作可做的多余劳动力。

第8题　理由:解决中国的就业问题有着诸多的有利条件。

(二) 选择题

　　1. A　2. B　3. C

二、词语替代练习

1. "心病"

A. 尽管经济快速发展,工作的机会越来越多,但与此同时,劳动力的供给量也迅猛增长,这成了就业工作中的一个"心病"。

B. 孩子才二十刚出头,虽然已去中国留学半年了,但她是否能适应学校的新环境这个问题始终是我的一个"心病"。

2. 远不是

A. 这件事的情况非常复杂,远不是一两句话能说清楚的,所以你一定要听我把话说完,然后你再作决定。

B. 中国的就业问题解决牵涉到国家政策、劳动力结构等诸多方面,远不是像你所说的只要企业多提供一些就业机会就行了那么简单!

3. 庞大

A. 这个工程规模庞大,涉及到很多方面的工作,所以事先一定要做好充分的准备,尽可能避免在实施过程中出现重大失误。

B. 日本方面组织了一个庞大的中学生代表团来中国进行友好访问,受到了中国人民,尤其是中国中学生的热情接待。

4. 相对于

A. 相对于中国近十三亿的人口来讲,现在的轿车保有量是远远不够的,因此,中国的汽车市场具有巨大的潜力。

B. 尽管她来大连也不过只有一年,但相对于其他刚来的留学生来说,她也可称为"老上海"了,所以经常有留学生来向她打听大连的一些情况,这也就不足为奇了。

5. 尚未

A. 改革开放以后,中国人民的生活有了很大的改善,但尚未达到小康水平。

B. 经过整改,这家饭店的防火措施有了改进,可是消防部门检查以后说,尚未达到规定的要求,要进一步整改,必须完全符合标准才能重新营业。

三、句子排列练习:

1. DBCA

由于劳动力的供给量超过了可以提供的就业岗位,中国出现了就业难的问题,失业情况也随之产生,其实这种情况在世界各国都普遍存在。

2. ADCB

除了尽可能地提供就业机会外,求职者不断提高自己的各项素质也很重要,因为只有这样,才有可能获得更多的就业机会。

3. CDBA

我们必须清醒地认识到,在市场经济中,只有求职者去适应就业岗位,绝不可能是就业岗位来适应求职者。

4. CABD

权威人士和就业专家认为,尽管"步履沉重",但从当前情况来看,解决就业问题仍有不少的有利条件。

5. DCBA

既有党和政府的高度重视,又有各项政策和措施的配合,我们没有理由不相信,中国目前的就业压力一定会得到缓解。

四、词语搭配练习

Af 突破困境　　Bb 增长迅猛　　Ci 尚未到达　　Dh 纳入范围
El 缓解压力　　Fk 资料显示　　Ge 调控手段　　Ha 释放效应
Ij 给予重视　　Jg 拉动内需　　Kc 导向作用　　Ld 逐步形成

五、造句练习

略。

六、填词练习

(以填词顺序排列)

一整套　纳入　持续　有力拉动　实施　振兴　促进　鼓励
协调　加快　机遇　更为重要的是　大政方针　导向　释放

七、阅读会话练习

1. 答:不但可以使农村劳动力获得平等就业机会的权利,而且能对中国目前日益严峻的就业形势产生积极影响。

2. 答:因为预计2004年中国需要就业的劳动力将要达到2400万人,而由于受结构调整的影响,随经济增长带来的的工作岗位已从平均每年1300万个下降到仅800万个左右,因此将会出现严重的劳动力过剩现象,失业率也将会随之上升。

3. 答:表现在以下几个方面:

① 经济增长对就业的拉动作用已明显减弱;

② 劳动力素质与岗位需求的矛盾更加突出;

③ 农村劳动力向非农领域、向城市转移的规模越来越大;

④ 城镇登记失业率呈上升趋势。

4. 答:有以下几个有利条件:

① 党和政府高度重视,制定了一整套就业政策,并将其纳入宏观调控目标;

② 持续快速发展的经济和第三产业的加快发展将对就业形成有力的拉动;

③ 国家的经济发展战略将会给解决就业问题带来机遇;

④ 以市场为导向的就业机制初步形成,政策将发挥更大的效应。

5. 答:有国家实施的西部大开发、振兴东北老工业基地、促进中西部地区崛起、鼓励东部地区加快发展等促进地区协调发展的战略,以及城镇化步伐的加快等重要举措。

第五课

一、阅读理解练习

(一) 判断题

正确:第1、2、8、10题

错误:第3、4、5、6、7、9题

第3题理由:这里的"咨询"应该是名词。

第4题理由:还有其他原因,如不熟悉中国国情、不知道有关规定等。

第5题理由:外国人也不能自己到猎头公司找工作。

第6题理由:爱德华不能自己办理"就业许可证",应该由聘用单位去办理。

第7题理由:"之"是指爱德华所持的配偶签证。

第9题理由:数量增加不能用"折"表示,而应该用"%"或"成"来表示。

(二) 选择题

  1. A 2. B 3. C 4. A 5. A

  6. C 7. C 8. B 9. C 10. B

二、词语替代练习

1. 主流

A. 虽然有局部战争和恐怖行动,但世界发展的主流趋势还是和平与建设。

B. 尽管出现了一些曲折和不足,但中国市场经济发展方向的主流是健康、有序的。

2. 意在

A. 留学结束以后,我意在中国寻找工作。

B. 我不帮你并不是为难你,而是意在使你尽快学会独立处理问题。

3. 本不多见

A. 这个地区出现38℃以上气温现象本不多见,而连续出现四十多天高温天气更是闻所未闻。

B. 这种款式的服装本不多见,所以见到了还是赶快买下吧。

4. 随之

A. 由于战争影响了伊拉克的石油出口,世界油价随之出现了上涨情况。

B. 既然你已经准备打这场官司,随之而来的就是尽快做好打这场官司的举证工作。

5. 逐年

A. 中国的旅游业正处在一个蓬勃发展的大好时期,来华旅游的外国游客逐年增多。

B. 由于房地产和休闲业的兴起,耕地被占用的情况逐年严重起来,这引起了政府的高度重视。

6. 日益

A. 随着中国经济的飞速发展,人民的生活水平也日益提高。

B. 春天来了,气温有所升高,天气开始变得日益暖和起来。

7. 谈得拢

A. 他们俩是好朋友,很谈得拢。

B. 由于在合作条款上存在着很大的分歧,所以双方没能谈得拢。

8. 相当

A. 尽管这只是个业余画展,但具有一定的品位,有些作品画面构思新颖,技艺成熟老练,表现出了相当不错的绘画水平。

B. 虽然中国的经济取得了举世瞩目的成就,但还存在发展不平衡的问题,尤其是在中国西部,经济不发达的地区还是相当多的。

9. 无功而返

A. 大川惠子很想在上海找份工作,但去了几家公司面试都无功而返,因为她无法达到公司要求的汉语水平。

B. 尽管他已经拒绝了我们,我们总不能就这样无功而返吧,再努力争取一下试试看,说不定会有"柳暗花明又一村"的奇迹出现呢。

10. 不约而同

A. 为避免被兼并,甚至破产,不少中小企业不约而同地想到一个出路,那就是联手合力,做大做强,共同迎接市场的挑战。

B. 受世界经济低迷的影响,不少著名的跨国公司不约而同把目光转向具有巨大潜力的中国市场。

三、句子排列练习:

1. BDAC

外国人到中国来就业,如果不会说汉语的话,那将会遇到很大的麻烦,爱德华的求职经历就是一个例子。

2. DBCA

外国人是不能通过刊登广告求职的,即使不刊登广告,自己到人才市场去找工作也是不允许的,因为这样做同样违反了中国的有关规定

3. BADC

由于一些大公司的首席代表、CEO 都是直接从国外派来的,所以从事高级管理工作的机会很少,因此尽管爱德华去了很多公司,但都是无功而返。

4. BCDA

外国人要在中国就业,首先要受聘于一个单位,并且由这个单位为他办好"就业证",这样他才能在中国工作。

5. CBAD

在市场经济的影响下,人才的竞争越来越激烈,如果不做好充分准备的话,恐怕会有不少人将丢掉自己的"饭碗"。

四、词语搭配练习

Aj 一则消息　　Bg 意在求职　　Cd 日前透露　　De 漫漫长路
Ea 接洽业务　　Fk 逐年增加　　Gb 同比提高　　Hc 日益兴旺
Ii 安家落户　　Jl 专业技术　　Kh 主管领导　　Lf 随之而来

五、造句练习

略。

六、填词练习

按填词顺序排列:

折射　一系列　自由就业　甚至　不允许　随之　既然　那就　评定
绝对　观念

七、阅读会话练习

1. 答:爱德华是一个典型的美国男子,35岁。他是一位美国工商管理硕士,从事经济类专业,有八年国际营销和两年金融投资管理经验,曾在美国、俄罗斯从事国际贸易多年。他还娶了位中国太太,持配偶签证来中国,决定把家安在上海,并意在中国工作。

2. 答:爱德华为在中国寻找"饭碗",首先降低了自己的薪金要求,曾去过一家公司工作,但干了一段时间后觉得不合适。他又去过猎头公司,甚至人才市场,但都无功而返。后来在主流媒体上刊登了求职广告。

3. 答:因为一来爱德华的薪金要求高,二来在中国从事高级管理工作的机会又少,再加上他不会说汉语,而且他采用的是"自由就业"的办法,这是不现实的,所以爱德华走了一段漫漫求职路。

4. 答:一个"老外"要来中国就业的话,应该做到:

① 具有一定的专业知识和汉语会话能力;

② 适应中国的国情,改变就业观念;

③ 遵守中国的政策和规定。

5. 答:爱德华在中国求职的故事从侧面反映出以下这些情况和问题:

① 上海正在成为外国人就业的热土,在上海持"就业证"的外国人呈逐年增多的趋势;

② 外国人来华就业,使得中国的就业竞争更加激烈。中国人应尽快提高自己的技术和业务能力,充分利用自己熟悉、适应国情、习惯等方面的优势,积极应对越来越激烈的就业竞争。不然的话,可能会有更多的"饭碗"被"老外"抢走。

第六课

一、阅读理解练习

(一) 判断题

正确:第1、3、4题

错误:第2、5题

第2题　理由:外资企业进入以后,"五朵金花"有四朵不景气了,所以市场份额已经减少。

第5题 理由:政府将不再出台的是任何"直接性扶持政策",而不是所有扶持性优惠政策。

(二) 选择题

    1. B   2. A   3. B

二、词语替代练习

1. 红火

A. 这家超市的生意特别红火,因为这里商品种类多,质量又好,更重要的是这家超市非常讲究诚信,从不以次充好欺骗消费者。

B. 这个地段的房子几年前因为交通不方便,造好以后很少有人问津。但自从轻轨和高架道路从这儿经过以后,销售一下子变得红火起来,房子成了抢手货。

2. 相继

A. 自泰国、越南等国发现禽流感疫情后,中国、日本等国也相继出现禽流感疫情。经过多方共同努力和采取有效措施,疫情终于被控制住了。

B. 为规范市场经济秩序、完善市场经济制度、有效促进市场经济的发展,新近又相继推出一批地方性政策和法规。

3. 过度

A. 他为了尽快完成软件的设计工作,近一个月来,几乎每天只睡三四个小时。因为疲劳过度,他终于病倒了,所以只得放下工作,好好休息几天。

B. 如果人类过度地砍树伐林,那么,生态平衡将受到严重的破坏,总有一天我们会为自己不负责任的行为付出沉重的代价的。所以我们应该尽可能地保护好森林。

4. 频频

A. 尽管伊拉克战争已结束多时,但局势并没有平静,美、英留在当地的军队频频遭受武装袭击,损失十分惨重。

B. 今年夏季的气候十分反常,酷暑难当,35℃以上的高温竟然频频出现,这种情况实属罕见。

5. 不景气

A. 进入21世纪以来,世界经济不景气的状态有所改变,一些国家的经济出现了逐步复苏的趋势。

B. 受"非典"的影响,国内外的游客数骤降,各家旅行社的经营一时都陷入了不景气的困境。但"非典"过后不久,旅游业就又呈现出了喜人的旺盛态势。

三、句子排列练习

1. BCAD

由于外资零售企业的进入,中国的零售业市场出现了"内外激战时期"。能不能在竞争激烈的市场中占据一席之地,中国的零售企业面临着严重的考验。

2. BDAC

零售业市场就像是一个大蛋糕,谁都想分一块,分的人多了,每个人能分到的那块蛋糕也就小了。

3. DBAC

可以这样说,在外资零售企业进入以前,"五朵金花"控制了济南的零售业市场,如今却已经有"四朵金花"凋谢了。

4. BADC

那位接近商务部的人士认为,尽管表面上内资企业仍占绝对主导地位,但那是"拿昨天的数据说今天的事",因为目前内资企业无法与外资企业竞争。

5. ADBC

为应对外资的大规模进入,济南市政府已经采取了措施,很多企业也在通过改制等办法积极准备着,因为中国的内资企业绝不会把蛋糕"拱手相送"。

四、词语搭配练习

Ak 生意红火　　Bi 相继出现　　Cj 过度劳累　　Df 过渡状态
El 过分强调　　Fh 做大蛋糕　　Gg 主导地位　　Hd 签署文件
Ia 准入制度　　Jc 颁布命令　　Kb 调研情况　　Le 频频发生

五、造句练习

略。

六、填词练习

(以填词顺序排列)

总体上看　处于　无论是　还是　仍占　进一步　继续　加速

七、阅读会话练习

1. 答:根据中国《外商投资商业领域管理办法》的规定,自 2004 年 12 月 11 日起,中国对外资零售服务设立的市场准入制度和资本准入制度将全面放开,内外资零售企业将在广阔的中国市场上展开刀光剑影的激烈竞争,中国内资企业面临着巨大的考验。

2. 答:外资进入以后,传统商业形态受到了强有力的冲击,济南零售市场由"五朵金花"一统天下的局面被彻底打破,如何应对外资的挑战成了内资企业的当务之急。

3. 答:因为中国政府对零售业开放的承诺是,在加入世贸组织第一年开放13个城市。但事实上,中国对外资零售企业开放的地域早已扩大到所有省会城市和计划单列市,合计有30多个城市。

4. 答:他认为,总体上看,我国商业的对外开放处于发展期,内资企业无论是数量上还是市场份额上,仍占绝对主导地位。目前要做的工作是,进一步坚持有序开放的方针,继续推进我国商业的对外开放,加速我国流通现代化。

5. 答:略。

第七课

一、阅读理解练习

(一) 判断题

正确:第 2、3、5、7、9 题

错误:第 1、4、6、8、10 题

第 1 题　理由:因为沪深股市的表现不尽如人意。

第 4 题　理由:因为中国股市的大幅下跌导致了 QFII 的账面出现了亏损。

第 6 题　理由:记者认为中国投资者应该学习海外投资者注重长期投资而不在乎短期涨跌的成熟的投资理念。

第 8 题　理由:尽管中国石化的股价曾一度跌破发行价,但以后发生了反弹,因而买进中国石化股票的社保基金成了最后的赢家。

第 10 题　理由:中国 A 股市场还只是成了富时指数潜在加入者而被列入短期关注名单。

(二) 选择题

1. C　2. B　3. C　4. A　5. A

二、词语替代练习

1. 热点

A. 伊拉克战争结束以后,如何帮助伊拉克重建自己国家成了国际社会的热点话题。

2. 针对

中国政府针对目前国内所存在的就业难问题制定了一系列的政策,并通过有效的落实和不断的完善,使严峻的就业形势在一定程度上得到了缓解。

3. 徘徊

改革开放彻底改变了中国经济徘徊不前的局面,使中国经济取得了飞速的发展,而加入WTO更是让中国融进了世界经济的大循环中。

4. 或许

一直低迷的沪深股市突然出现反弹,一路向上攀升,或许因为有什么利好消息?

5. 坦言

有人问松本美子为什么这么努力地学习汉语,是不是因为对汉语有兴趣,"不全是,还为了今后能战胜其他竞争对手,在中国找一份称心如意的工作。"她坦言道。

6. 注重

目前国内的投资者过分注重短期的投资利益,因而往往会因股市一时的波动而动摇自己投资的信心。

7. 一度

尽管这两年沪深股市的指数始终在1500~1600点左右徘徊,不尽如人意,但也曾一度攀升至1700点,真是股市难测呀!

8. 何况

不要一亏钱就垂头丧气,股市本来就是有亏有赢的,何况这次你亏的又不多,说不定很快就会赢回来的。

9. 关注

由于中国经济从受世界经济制约转变为影响世界经济,这引起了一些国际著名经济学家的关注。

10. 正当时

俗话说"赶得早不如赶得巧",面对中国进一步地对外开放、人民对生活的要求不断提高,这个时候投资中国的零售市场正当时。

三、句子排列练习

1. CDAB

尽管目前沪深股市不尽如人意,但海外投资者并不太在意。他们如赶集一般来到中国,因为他们看好中国股市的前景。

2. BCAD

之所以QFII成为五月份的热点话题,是因为在这连续的几天里,又有几家国外投资机构获得QFII资格,这样的速度是创纪录的。

3. ACDB

外国投资者纷纷想来中国分享大蛋糕,那中国投资者该怎么办?难道把大蛋糕拱手相送吗? 这绝不是我们愿意看到的。

4. CBDA

外国投资者并不在乎证券的短期涨跌,他们注重的是长期投资。因为他们认为,买股票就是买上市公司基本面。

5. DBAC

我们不应该过分习惯于用短线的眼光看市场,而应该有风物长宜放眼量的气魄,社保基金成为中国石化股票的最后赢家,就是一个很好的例子。

四、词语搭配练习

Ai 谈话热点　　Bh 获得资格　　Cb 减缓压力　　Dk 导致亏损
Eg 徘徊不前　　Fe 有望突破　　Gc 崇尚文明　　Hf 一度出现
Id 何必在意　　Jl 介入其中　　Ka 股市波动　　Lj 正值时候

五、造句练习

略。

六、填词练习

(以填词顺序排列)

模式　理念　或许　坦言　不在乎　注重　崇尚　不过分理会

七、阅读会话练习

1. 答:2004年5月份证监会接连批准了三家外资机构的QFII资格;目前已共有15家境外机构获得QFII资格;业内人士预计,到今年年底,有望出现20至30家QFII。

2. 答:由于指数大幅下跌,国内投资者大多认为沪深股市不尽如人意,而海外投资者却没有改变对沪深股市的信心,他们普遍看好中国股市,国际证券和经济专家还认为,中国A股市场为投资者提供了机会,现在介入其中正当时。

3. 答:因为国内投资者习惯于用短线的眼光来看市场,缺乏长期投资的理念,容易受股市大盘的影响;而海外投资者注重的是长期投资,他们不在乎短期的涨跌,崇尚"买股票就是买上市公司基本面",更多的是从投资个股的未来发展来考虑。

4. 答:应该认识到,股市的涨跌是一种正常现象,投资者必须改变用短线的眼光看市场的习惯,不能因股价一时的下跌而影响自己的投资信心。

5. 答:因为①中国经济由受世界经济制约转变为对世界经济影响越来

大;②新兴的基金管理对带动大盘蓝筹股有所表现;③QFII扩大并增强了市场功能;④民营企业给中国经济增长带来了活力。

6. 答:因为罗杰斯认为,崛起的中国将成为21世纪最重要的国家,因此他看好中国的股市,并在等待机会寻找值得长期投资的中国公司。

第八课

一、理解练习

(一)判断题

正确:第1、3、5题

错误:第2、4题

第2题　理由:就经济总量而言,长三角区域优势无可比拟,无论珠三角还是环渤海经济圈都无法望其项背。

第4题　理由:宁波房地产开发的影响不如杭州,并不是因为杭州的开发潜力大,而是因为开发商没能足够认识,因为"中国房地产TOP10"研究资料表明,宁波的房地产开发潜力位于杭州的前面。

(二)选择题

　　1. B　　2. A　　3. B　　4. A

二、词语替代练习

1. 打造

经过多年的研究、设计、制造,中国终于打造出一个响当当的世界著名商标——"海尔"。

2. 齐名

尽管中国已经成为世界第四大汽车生产国、第三大汽车销售国,但至今还没有一个能与世界名牌汽车齐名的自主品牌,这不能说不是一个很大的遗憾。

3. 龙头

可以这样说,任何一个企业要想在激烈的中国市场竞争中长期成为某一个行业的龙头是不可能的,稍有不慎,随时都会被别人所替代,因为中国市场已经成为世界商界关注的中心。

4. 截至

根据有关方面报道,截至去年底,中国城乡从业人员总量已经达到74432万人,其中城镇从业人数为25639万人。

5. 异常

经检验,车辆的制动、转向系统没有出现异常情况,交警部门判断,这次交通事故是人为因素所引起的,果然,驾驶员连续驾车八小时,因为疲劳而睡着了,所以出了车祸。

6. 独到

在这次设计方案讨论会上,尽管有不少人发表了很有创意的见解,但周工的看法更有独到之处,引起了出席会议有关部门的重视。

7. 抢手

F1大奖赛首次在中国上海举行,受到了国内外赛车爱好者的关注,入场券的销售情况很好,其中最抢手的是五百元左右一张的入场券。

8. 乃至

长三角经济在中国乃至世界的经济发展上都将占据重要的一席之地,俗话说"机不可失,时不再来",投资长三角是你的明智之举。

9. 翻(了)一番

公司进入正常运转后,原材料的供应得到了保证,操作人员的技术也有了很大的提高。再加上设备达到了设计的工作状态,所以今年的产量比去年整整翻了一番!

10. 无可比拟

经济的迅猛发展,人民对现代生活的追求,这就形成了一个巨大的中国市场,这个市场是世界上任何一个国家的市场都无法比拟的。

三、句子排列练习

1. CADB

作为中国经济最发达的地区之一,长三角受到了社会各界的关注,而即将打造成世界第六大都市圈的诱惑,更是使长三角充满了吸引各方投资者的魅力。

2. ADBC

长三角地区地处中国的东海之滨,位于长江下游沿岸和杭州湾周边,这里不仅有良好的地理环境,还有扎实的经济基础和丰富的人文资源。

3. BDAC

尽管长三角只拥有全国1%的土地和10.4%的人口,但却创造了22.1%的国内总产值,就从这点来看,国内任何一个地区都无法与其比拟。

4. DBCA

由于房地产商的大举进入,长三角地区的房价出现了疯长的趋势。为抑制过火的房产市场和打击房屋炒作行为,各地政府纷纷出台相关政策加以控制。

5. DABC

为使企业能够长期得到发展,有些大发展商把目标转向长三角。他们不仅把目光放在个别大城市,更是准备扎根在整个长三角地区。

四、词语搭配练习

Ad 打造品牌　　Bg 龙头地位　　Cl 截至月底　　Dj 交通便捷
Eb 布局合理　　Fe 魅力无限　　Gc 情况异常　　Hi 诸多原因
Ia 发展空间　　Jf 一大亮点　　Kh 炒作行为　　Lk 引起关注

五、造句练习

略。

六、填词练习

(以填写顺序排列)

无可比拟　　无论……还是　　位居　　首位　　从……来看　　活力十足
没有理由不看好

七、阅读会话练习

1. 答:有环渤海经济圈、长三角经济圈、珠三角经济圈。

2. 答:因为长三角区域具有其他地区无可比拟的优势:经济发展高于全国平均水平;在中国经济实力最强的35个城市中占十席;百强县占近50%;民营经济和乡镇企业活力十足;多家世界500强和跨国公司进入;具有最强的人口汇聚能力。

3. 答:首先要实现交通一体化建设,为经济一体化打下坚实的基础。其次,是城市化进程的推进,使市政建设符合人口规模。

4. 答:由于房地产商的大举进入,长三角地区的方地产市场异常兴旺,房价一路攀升,出现疯长的现象。为抑制过火的市场,各地政府纷纷出台相应政策,打击房屋炒作行为。

5. 答:他们将长三角看作为一个大棋盘,看作是自己企业长期发展的平台,所以他们不是仅仅把眼光投向长三角的个别中心大城市,而是准备进入二、三级城市,甚至县级市,他们将深深扎根于长三角,因为他们看到了那里具有巨大的开发潜力。

第九课

一、阅读理解练习

判断题

正确:第1、2、4、5、7题
错误:第3、6、8题

第3题　理由：中国房地产正在快速进入"资本为王"的时代。

第6题　理由：香港嘉华集团是将把在上海的投资额增加到集团总投资的30%至40%，而不是仅把在上海的投资再增加30%至40%。

第8题　理由：中国的一些房产商不仅资金雄厚，而且具有"天时、地利、人和"的优势。

二、词语替代练习

1. 从事

他从事房地产行业工作已经十多年了，所以非常熟悉房地产行业的一些"潜规则"。

2. 良久

这件事关系重大，稍有不慎将会导致严重的后果，所以他静静地待在屋子里独自思考了良久，最后决定冒险干一次。

3. 中坚力量

你们这几个年轻人既有技术，又有闯劲，同时思维敏捷，我相信，在取得了一定的实践经验后，一定都能成为公司的中坚力量。

4. 不遗余力

陈水扁不遗余力地鼓吹"一中一台"、"两个中国"等荒谬言论，但这只能是个梦想，永远不可能实现，因为海峡两岸的中国人民都不会答应的。

5. 寻觅

为了买这本《成语词典》，我到处寻觅，今天终于买到了，真是"功夫不负苦心人"哪！

6. 观望

恐怖行动给全球带来了不安定因素和死亡威胁，任何一个国家都不应该采取观望的态度，应该共同制止恐怖行动的进一步蔓延。

7. 吃紧

很抱歉，最近我的钱也很吃紧，实在没法借给你，你还是另想办法吧。

8. 燃眉之急

虽然我们所能给予的支援十分有限，微不足道，但希望能帮助贵方解决即将停产的燃眉之急，以表示我们的一片诚意。

9. 定位

每个企业的情况都不相同，所以在给自己进行经营方向或方式定位时，应该在认真分析市场的基础上，结合自己的特点，做到"扬长避短"，"以奇制胜"。

10. 颇为

由于事先做好了充分的准备,加上学校有针对性的指导,所以不少留学生对自己这次HSK考试的成绩颇为(感)满意。

三、句子排列练习

1. BDAC

最近不少外资房地产商都加速了对中国的投资,他们当中既有从事二手房中介的企业,也有房地产开发商,还有一些是房地产金融业的企业。

2. CDBA

来自台湾的信义房产公司雄心勃勃,他们不仅已经进入上海、北京等城市,还准备向更多的地方发展,并在努力成为中国二手房中介的第一品牌企业。

3. ADCB

香港的信和置地终于无法抗拒内地市场的诱惑,改变了多年的观望态度,与中海地产一起,连连在内地四处出击。

4. DBCA

银根紧缩使得一些中小开发商资金吃紧,他们有的不得不把地当给了典当行,有的不得不试图转让土地。这就给外资开发商提供了扩张的好机会。

5. DCBA

优胜劣汰是竞争的法则,一些中小企业缺乏竞争力被淘汰也是情理之中的事,而一些实力雄厚的中国房地产商不畏惧竞争,因为他们还占有"天时、地利、人和"的优势。

四、词语搭配练习

Ag 考虑良久　　Bj 把握机会　　Cb 四处寻觅　　Dd 加大力度
Ei 迅猛异常　　Fk 相继出台　　Gf 银根收紧　　Hl 扩张良机
Ic 目标定位　　Jh 公平竞争　　Ka 历经洗礼　　Le 颇具规模

五、词语选择练习

1. 把握、把持、把手

A. 操纵这台机器的把手在哪里?请你告诉我。

B. 如果我们再不把握这次机会,也许以后真的没希望了。

C. 由一两个企业把持市场的局面已经彻底被打破。

2. 募集、筹集、收集

A. 为支援灾区人民,政府向广大市民募集钱财、衣物。

B. 王力宏是一名集邮爱好者,他收集了不少世界各国的邮票。

C. 发行股票既提供了投资机会,也是企业筹集资金的一种途径。

3. 优势、优异、优先

A. 在路上行走遇到残疾人时,应该让他们<u>优先</u>通过。

B. 虽然你的经验不如他,但你也有自己的<u>优势</u>,比如说年轻、有创新精神。

C. 韩国足球队在2002年世界杯决赛中取得了<u>优异</u>的成绩。

4. 敏感、敏捷、敏锐

A. 一个成功的企业家所必须具备一种对市场<u>敏锐</u>的观察力。

B. 他对这件事很<u>敏感</u>,所以和他在一起时,尽量不要提起此事。

C. 你看这个小伙子的身手多<u>敏捷</u>,才一眨眼的功夫,就已经登上了房顶。

5. 扩张、扩充、扩大

A. 为了不断开发新产品,这家公司又一次对设计部门进行了人员<u>扩充</u>。

B. 拉动内需,<u>扩大</u>销售,这是国民经济发展的需要。

C. 不少外资企业为了实施对外<u>扩张</u>策略,不约而同地都把目光投向了中国市场。

六、造句练习

略。

七、阅读会话练习

1. 答:因为内地实施严格控制房地产贷款和严格整理土地市场政策后,许多资金雄厚的外资房地产商都把对中国的投资大大提速。而一些缺乏资金的中小型内资企业不得不依靠当出或转让土地来试图解决燃眉之急。这些都说明,资本在房产市场的竞争中起到举足轻重的作用。

2. 答:有二手房中介经营、房地产开发、房地产金融等形式。最主要的是房地产开发,因为它是房地产行业的"中坚力量"。

3. 答:一方面,一些中小内资企业因缺乏资金而有"告贷无门"不得不将土地当出或转让,另一方面,一些外资企业却获得了向中国市场扩张的契机,他们有了选择地块的空间,而以前一块地也找不到。

4. 答:因为他们认为,尽管外资资本雄厚,但不同的开发商有不同的目标群体和定位,所显露的优势也不一样。而且房地产行业是一个非常本土化的行业,因而本土开发商更熟悉、了解本地市场需求,所以他们可以通过"扬长避短"来与外资企业竞争。

5. 答:外资企业存在不熟悉本土市场、不熟悉中国投资的潜规则等劣势,而这恰恰是内资企业的先天优势;另外,中国房地产商经过了10多年发展和多次的市场洗礼,已逐渐走向成熟;同时他们也已拥有了颇为雄厚的资金实力,同样,他们也将在中央政府的宏观调整政策中获得新的发展机遇,这些都是中国房地产商所具有的竞争优势。

第十课

一、阅读理解练习

判断题

正确:第2、7、8题

错误:第1、3、4、5、6题

第1题　理由:中瑞财团也是一家公司,但它是我国首家无地域限制并且以"财团"命名的公司。

第3题　理由:"航空母舰"是对中瑞财团规模大、资金雄厚的比喻。

第4题　理由:不少温州老板并不留恋过去单干的经营形式,因为实力薄弱难以参加更大的竞争。

第5题　理由:人们对此"浮想联翩",因为两个财团仅"一字之差",而且几乎又是同时成立,所以猜想它们之间可能会有关系。

第6题　理由:这不应该是温州人企业发展的主导,因为这种商业理念将使他们缺乏参与更大竞争的追求和信心。

二、词语替代练习

1. 焦点

新一轮"六方会谈"将于近日在北京举行,这成了国际社会广泛关注的焦点,因为人们都期望本轮会谈能取得更多实质性的进展,这将十分有利于朝鲜半岛乃至世界和平的稳定。

2. 无一不是

世界五百强已有四百多家进驻长三角地区,他们无一不是冲着长三角良好的投资环境和巨大的中国市场而来的。

3. 异乎寻常

大家都以为他会经受不住这次失败的沉重打击,令人感到吃惊的是,他表现出异乎寻常的平静,简直使人无法相信。

4. 适时

严密注意市场行情变化,适时地调整商品价格,这已经成为商家一种重要的经营策略,这就是常说的"随行就市"嘛。

5. 底气

我们公司底气不足,没有雄厚的资金,只是小本经营,不打算参加这次降价促销活动,所以请贵公司谅解。

6. 奠定

中共十六大关于支持非公有经济发展的决定奠定了中国的民营经济异常迅猛发展的基础,目前民营经济在整个国内生产总值中所占比例越来越高。

7. 水到渠成

只要你能上课认真听讲,回家仔细复习,遇有不懂的地方及时向别人请教,那么,你的HSK考试取得好成绩自然也就水到渠成了。

8. 重蹈覆辙

既然有人在这方面已经有过失败的教训,那么我们就必须引以为戒,不应该重蹈覆辙。

9. 蔚然成风

经过多年的宣传教育,加上模范人物的榜样作用,如今,自愿献血已经蔚然成风。

10. 有助于

虚心吸取国外企业的成功经验,这能有助于内资企业的发展,但我们也不能一味模仿,还必须符合自己的国情。

三、句子排列练习

1. DBCA

中瑞财团不是一家普通的公司,因为它不仅是我国首家无地域限制的公司,还是以"财团"命名的公司,所以它的出现具有特别的意义。

2. CBAD

中瑞财团的股本不是一直不变的,九家股东将适时以货币方式增加相同的出资额,他们之所以这样做,是为了确保九家股东股权的平等。

3. BCDA

九个行业捆绑成一个利益共同体是酝酿已久的事,在此之前,他们已经进行了充分的准备和沟通,成立中瑞财团是水到渠成。

4. ADCB

温州实行企业间的联合并不是个别现象,早在去年五月间就成立了制锁行业的强强集团,因为他们知道低价竞争只有死路一条,所以走上了"联合"这条唯一的出路。

5. CADB

在现代市场经济条件下,"温州模式"的弊病开始显现出来,传统的家族式企业固然有一定的独立性,但缺乏整体的竞争力量。

四、词语搭配练习

Ag 挂牌营业　　Bk 无一例外　　Cl 公开亮相　　Dj 适时抛出
Eh 奠定基础　　Fa 引起关注　　Gi 筹划成立　　Hc 面临挑战
If 举例说明　　Je 提升档次　　Kd 悄然出现　　Lb 日渐完善

五、词语选择练习

1. 无独有偶　　2. 重蹈覆辙　　3. 异乎寻常　　4. 愁眉不展
5. 侃侃而谈　　6. 心血来潮　　7. 全军覆没　　8. 单枪匹马
9. 豪情满怀　　10. 浮想联翩　　11. 蔚然成风　　12. 水到渠成

六、造句练习

略。

七、阅读会话练习

1. 答：中瑞公司是我国首家无地域限制的、并以"财团"命名的公司，所以它不是一家普通的公司。它成立的积极意义在于：突破了传统温州模式，通过联合来达到民营企业发展壮大的目的，使民营企业发生了脱胎换骨的变化。

2. 答：这九个行业在成立中瑞财团前，聘请了国内知名学者组成"中瑞财团战略发展委员会"，就中国民营经济的历史、现状、发展和制度创新等设立课题研究小组，完成了一批专题研究论文，为中瑞的出世奠定了理论基础。

3. 答：因为中瑞财团不是简单的企业联合，他们实现的是温州行业界的联合。组成财团的九个股东无一不是各自行业呼风唤雨的人物，不仅具有很强的经济实力，而且拥有九个企业的品牌效应，他们联合所能产生的是九九八十一的乘数效应。

4. 答：温州的十个锁业老板曾面临低价竞争死路一条的困境；温州的灯具因为没有及时提升产业层次，在与外地灯具业的竞争中全军覆没。

5. 答：整合前的温州企业大多处在过于强调独立精神、生意集中在温州人的商业网络里和低端制造业、缺乏产业升级或进入其他产业的力量的状态中，无法适应日渐成熟的市场经济。

6. 答：好处：可以突破单个资本薄弱的局限，从而有助于温州民营经济进入一些资本密集型行业，这对温州企业的整体形象和温州经济的综合实力都将有一次较好的提升。不足：中瑞财团的股东都是温州人，带有深刻的"人脉化交易"烙印，容易受到地域性的制约，不利于对外扩张；财团中缺乏IT等高新技术的产业，对财团今后的提升和发展不利。

综合练习(一)

一、阅读理解练习

（一）根据报道内容判断下列说法正确（√），还是错误（×），如果错误请说明理由：

1. 合并重组后的新首旅改变了原来单一的资产性质。（ ）
2. 参展商之所以愿意参加世博会，是因为世博会能给他们带来实际的利润。（ ）
3. 消费者购买进口车或是合资车是因为他们从来就不喜欢国产车。（ ）
4. 中国现在存在劳动力与就业岗位之间供需不平衡的问题。（ ）
5. "金领、白领、蓝领、灰领"等都是对一种职业性质的比喻。（ ）
6. 三年保护期内，外资零售业按照中国的承诺逐渐进入中国市场。（ ）
7. QFII的增加对缓解人民币升值压力和制止股市大幅下跌有好处。（ ）
8. 长三角将成为与纽约、东京等同样有名的国际都市圈。（ ）
9. 香港有五个重要的房地产企业，现在都已进入内地市场。（ ）
10. 社会各界对"中瑞财团"挂牌表示了赞许的态度。（ ）

（二）根据报道内容，选择正确的说法：

1. 上海世博会30亿美元的总投资来自（ ）。
    A. 政府出资
    B. 政府的出资及部分商业贷款
    C. 政府出资、部分商业贷款以及市场筹得部分

2. 中国汽车工业的一大遗憾是（ ）。
    A. 只是世界第四大制造国
    B. 每年的汽车需求量还未达到1000万辆
    C. 缺乏自主品牌的国产汽车

3. 中国目前劳动力与就业岗位之间的关系是（ ）。
    A. 就业岗位远远不能满足劳动力的需求
    B. 劳动力远远不能满足就业岗位的需求

175

C. 劳动力和就业岗位供需基本平衡

4. "五朵金花"之中有四朵不景气,主要是因为(　　)。

　　A. 相互之间竞争太激烈

　　B. 缺乏对外资零售企业的竞争力

　　C. 自己经营不善

5. 社保基金还不是(　　)?

　　A. 成了最后的赢家

　　B. 没有成为最后的赢家

　　C. 不知道有没有成为最后的赢家

二、词语替代练习

在不改变原意的前提下,用所给的词语改写下列句子:

1. 借助

为了增强市场竞争力,我们将在学习国内外著名企业的成功经验的基础上,结合自己的具体情况来实现对企业的改造。

2. 绝不仅仅

怎么能说举办世博会只是带动了经济发展呢,打造城市品牌、提高国际地位、增加城市功能、培养城市文明、提升城市精神等都是举办世博会所带来的收益。

3. 纷至沓来

在北京举行的国际汽车展览会是中国目前最大的汽车展览会,这个具有世界一流水平的汽车展览会吸引了国内外的许多人士来参观。

4. 为……画上一个圆满的句号

日本大相扑来华公演受到了热烈的欢迎,相扑运动员的精彩技艺博得了观众潮水般经久不息的掌声。大相扑在上海的成功公演圆满地结束了这次难忘的中国之行。

5. 届时

这个星期五下午一时正,学校将在二楼会议室举行留学生座谈会,听取留学生对教学的意见和建议,请你准时出席。

6. 信赖

"海尔"经过多年的努力,终于成为世界著名品牌,消费者喜欢它,是因为它的产品品质和售后服务使人感到放心。

7. 一味

做事难免会有失败的时候,如果我们不是认真寻找自己的不足之处,而总是强调其他的原因,那么,我们还可能犯同样的错误。

8. 期待

战争中的人们经历了太多太多的苦难,他们厌恶战争,反对战争,翘首以待和平的早日到来,还他们安稳、平静的生活。

9. 尚未

改革开放以后,中国人民的生活有了很大的改善,但还没有到达小康水平。

10. 随之

由于战争影响了伊拉克的石油出口,世界油价开始出现了上涨情况。

11. 逐年

中国的旅游业正处在一个蓬勃发展的大好时期,来华旅游的外国游客一年比一年多。

12. 日益

随着中国经济的飞速发展,人民的生活水平也越来越高。

13. 相当

虽然中国的经济取得了举世瞩目的成就,但还存在发展不平衡的问题,尤其是在中国西部,经济不发达的地区还是为数不少的。

14. 过度

如果人类毫无节制地砍树伐林,那么,生态平衡将受到严重的破坏,总有一天我们会为自己不负责任的行为付出沉重的代价的。所以我们应该尽可能地保护好森林。

15. 热点

伊拉克战争结束以后,国际社会都在谈论如何帮助伊拉克重建自己国家这个话题。

16. 针对

中国政府就目前国内所存在的就业难问题制定了一系列的政策,并通过有效的落实和不断的完善,使严峻的就业形势在一定程度上得到了缓解。

17. 一度

尽管这两年沪深股市的指数始终在1500~1600点左右徘徊,不尽如人意,但也曾经出现过攀升至1700点的时候,真是股市难测呀!

18. 何况

不要一亏钱就垂头丧气,股市本来就是有亏有赢的,再说,这次你亏的又不多,说不定很快就会赢回来的。

19. 水到渠成

只要你能上课认真听讲，回家仔细复习，遇有不懂的地方及时向别人请教，那么，你的 HSK 考试自然能取得好成绩。

20. 有助于

虚心吸取国外企业的成功经验，这能对内资企业的发展起到很好的借鉴作用，但我们也不能一味模仿，还必须符合自己的国情。

三、句子排列练习

根据你的理解，将下列句子重新排列，如 ADBC 等：

1. A. 依旧由北京市国资委依法履行出资人的职责
   B. 但新首旅国有独资的性质并没有改变
   C. 三家企业都是国有独资公司
   D. 尽管实行了合并重组

2. A. 无论是法国埃菲尔铁塔
   B. 世博会总能给举办国或举办城市留下一笔宝贵的财富
   C. 都从一个侧面证明了这样一个事实
   D. 还是日本关西经济带

3. A. 中国目前的就业压力一定会得到缓解
   B. 我们没有理由不相信
   C. 又有各项政策和措施的配合
   D. 既有党和政府的高度重视

4. A. 分的人多了
   B. 零售业市场就像是一个大蛋糕
   C. 每个人能分到的那块蛋糕也就小了
   D. 谁都想分一块

5. A. 长三角受到了社会各界的关注
   B. 更是使长三角充满了吸引各方投资者的魅力
   C. 作为中国经济最发达的地区之一
   D. 而即将打造成世界第六大都市圈的诱惑

四、词语搭配练习

根据你的理解，将下列两组词语进行搭配，如 Ah、Gc 等：

A 履行　　B 绝非　　C 一味　　D 届时　　E 纳入　　F 调控

G 相继　　H 导致　　I 打造　　J 把握　　K 无一　　L 适时

a 效应　　b 良机　　c 亏损　　d 出席　　e 承诺　　f 精品

g 抛出　　h 追求　　i 例外　　j 易事　　k 范围　　l 发生

五、词语选择练习

选择恰当的词语填入空格内：

1. 重叠、重复、重新

A. 跌到了不要紧,爬起来_____开始。

B. 由于太阳直射的缘故,到中午时分,人的身体几乎与影子_____了。

C. 这个词语老师已经_____解释过好几次了,你还不明白吗？

2. 亟待、等待、期待

A. 遏制恐怖行动的进一步蔓延是一个_____全球共同解决的问题。

B. 我们_____2010年世博会能为上海带来更多的机遇。

C. 为了香港的回归,中国人民已经_____一百多年了。

3. 履行、执行、实行

A. 为方便企业办事,工商、税务等部门_____一条龙服务。

B. _____合同是每一个合同签订人的法律责任。

C. 交警部门开始_____新颁布的《中华人民共和国道路交通法》的有关规定。

4. 把握、把持、把手

A. 操纵这台机器的_____在哪里？请你告诉我。

B. 如果我们再不_____这次机会,也许以后真的没希望了。

C. 由一两个企业_____市场的局面已经彻底被打破。

5. 敏感、敏捷、敏锐

A. 一个成功的企业家必须具备一种对市场_____的观察力。

B. 他对这件事很_____的,所以和他在一起时,尽量不要提起此事。

C. 你看这个小伙子的身手多_____,才一眨眼的功夫,就已经登上了房顶。

6. 侃侃而谈　　豪情满怀　　无独有偶　　浮想联翩

　　水到渠成　　全军覆没　　重蹈覆辙　　蔚然成风

A. 破坏生态平衡将会给我们带来灾难,这样的例子太多了,我们不能_____。

B. 别_____的,"山重水复疑无路,柳暗花明又一村"嘛,事情总能解决的。

C. 由于盲目进入市场,结果德成公司几乎_____,幸好没有"血本无归"。

D. 如今,扶贫助残的好风气已经_____,这个世界是属于我们每一个人的。

六、造句练习

用所给的词语写一段意思完整的句子：

借助　针对　尚未　日益　乃至　随之　焦点　导致
不排除　相对于　纷至沓来　无一不是　水到渠成　跃跃欲试

七、填词练习

根据报道内容,选择适当的词语填入空格内：

随之　　既然……就　　观念　　折射　　绝对　　物有所　　评定
甚至　　不允许　　一系列　　自由就业

爱德华的求职经历＿＿＿＿出了＿＿＿＿发人深思的问题。首先,爱德华能不能自己在上海找工作?记者从上海外国人就业主管部门了解到,外国人想在上海"＿＿＿＿"并不现实。一个外国人要来中国工作,必须先受聘于一个单位,由单位为他办理就业许可证,才能来华就业。而外国人自己到中国的职介所、人才市场找工作,＿＿＿＿刊登广告求职是＿＿＿＿的。像爱德华这样持配偶签证来中国的外国人,如果有单位愿意聘用他,是可以的,但居留证的身份必须改变;其次,爱德华为何难以找到合适的工作?市外国人就业管理办公室主任孙汉德进行了分析:一个外国人＿＿＿＿要进入中国的劳动力市场,＿＿＿＿必须接受中国人的＿＿＿＿。别人要购买他的劳动力,当然要考虑能否为企业创造效益。当然,五万美元的年薪在埃德华看来不算多,但在中国却＿＿＿＿是高薪。外国人到中国就业,＿＿＿＿也得改变。

八、阅读会话练习

根据报道内容简答下列问题：

1. 三家国有企业的合并重组的目的是什么?
2. 举例说明世博会给举办城市所带来的后续效应。
3. 中国的汽车工业存在一个什么遗憾?
4. 中国缓解就业压力有哪些有利条件?
5. 作为一个"老外",如果你想在中国就业,读了这篇报道后,知道该做些什么吗?
6. 2004年11月以后中国的商业零售市场将会发生什么样的变化?
7. 海外投资者与国内投资者对沪深股市的看法有什么不同?
8. 中国目前重要的都市圈有哪些?
9. 进入中国房地产市场的有哪些外资企业形式?最主要的是哪一种?
10. 为什么说中瑞财团不是一个普通的公司?它的成立有什么积极意义?

综合练习(二)

一、阅读理解练习

（一）根据报道内容判断下列说法正确（√），还是错误（×），如果错误请说明理由：

1. 由于集团规模增大了，所以新首旅的经营班子将进一步扩大。（　）
2. 2010年上海世博会的主题是：城市，让生活更美好。（　）
3. 创立自主品牌的目的是为了体现市场的繁荣。（　）
4. "富余劳动力"指的是有钱的、家庭经济情况好的人。（　）
5. "第一家公司有意聘用他做投资咨询"这句话中的"咨询"作动词用。（　）
6. "蛋糕就切走一块"比喻利益被分走了。（　）
7. 中国经济由受世界经济制约转为对世界经济影响越来越大。（　）
8. 可以与长三角的经济总量相比的还有珠三角和环渤海经济圈。（　）
9. 香港嘉华集团将把在上海的投资再增加30至40%。（　）
10. 中瑞财团和中驰财团的成立预示着温州的企业整合将会成为一种趋势。（　）

（二）根据报道内容，选择正确的说法：

1. 参展商参加世博会的目的是（　）。
   A. 产生文化和公关价值
   B. 获取实际利润
   C. 举办城市参观旅游

2. 消费者放弃对"民族品牌"支持的原因是（　）。
   A. 对自主品牌的国产车缺乏信赖
   B. 市场上没有自主品牌的国产车可买
   C. 因为进口、合资品牌车少，所以都想购买

3. 可以解决就业问题的有效途径有（　）。
   A. 限制农村劳动力进入城镇就业

B. 要求企业增加就业岗位

C. 进一步切实落实和完善各项就业政策方针

4. 无功而返（　　）。

A. 没有功夫回去

B. 没有带着功劳回去

C. 在外办事没有结果

5. 有些企业开始把目光投向三级城市甚至县城是因为（　　）。

A. 他们看好三级城市及县城的开发潜力

B. 他们无法与其他的企业在大城市进行竞争

C. 他们认为大城市的开发余地已经很小了

二、词语替代练习

在不改变原意的前提下，用所给的词语改写下列句子：

1. 履行

作为签订合同的双方，我们都有必须严格按照合同所规定的条款去做，你们单方面半途终止合同是要承担违约责任的。

2. 亟待

外商企业兵临城下，而且都是兵强马壮，而内资企业本来就势单力薄，再单打独斗必将一败涂地。所以迫在眉睫的事是如何尽快组织起千军万马，以应对外商的挑战。

3. 不排除

中国政府一贯致力于通过和平的方式来解决台湾问题，但如果台湾当局顽固坚持"两个中国"、"一中一台"或其他分裂中国的立场，中国政府也可能采取其他的解决形式。

4. 水涨船高

经济发展了，国家强大了，人民的生活也随着一天天好起来，日子越过越富裕，心情越来越舒畅，这就是今天的中国。

5. 圆……梦

经过多次艰苦卓绝的努力，中国终于实现了举办综合类世博会的愿望。中国将通过举办上海世博会来向世界充分展示21世纪中国的无限魅力。

6. 捷径

学习汉语没有什么简单、方便的办法，只有下功夫多听、多说、多练习、多与中国人交流才行，这样才能真正提高自己的汉语水平。

7. 远不是

这件事的情况非常复杂,一两句话是绝对说不清楚的,所以你一定要听我把话说完,然后你再作决定。

8. 庞大

日本方面组织了一个有很多中学生参加的代表团来中国进行友好访问,受到了中国人民,尤其是中国中学生的热情接待。

9. 意在

我不帮你并不是为难你,而是为了能使你尽快学会独立处理问题。

10. 谈得拢

由于在合作条款上存在着很大的分歧,所以双方没能取得一致的意见。

11. 无功而返

尽管他已经拒绝了我们,我们总不能就这样毫无结果地回去吧,再努力争取一下试试看,说不定会有"柳暗花明又一村"的奇迹出现呢。

12. 不约而同

受世界经济低迷的影响,不少著名的跨国公司都把目光转向具有巨大潜力的中国市场。

13. 红火

这个地段的房子几年前因为交通不方便,造好以后很少有人问津。但自从轻轨和高架道路从这儿经过以后,房子一下子变得热销起来,成了抢手货。

14. 相继

自泰国、越南等国发现禽流感疫情后,中国、日本等国也先后出现禽流感疫情。经过多方共同努力和采取有效措施,疫情终于被控制住了。

15. 不景气

进入二十一世纪以来,世界经济低迷的状态有所改变,一些国家的经济出现了逐步复苏的趋势。

16. 注重

目前国内的投资者把短期的投资利益看得太重,因而往往会因为一时的波动而动摇自己投资的信心。

17. 抢手

F1大奖赛首次在中国上海举行,受到了国内外赛车爱好者的关注,入场券的销售情况很好,其中最受欢迎的是五百元左右一张的入场券。

18. 无可比拟

经济的迅猛发展,人民对现代生活的追求,这就形成了一个巨大的中国市场,世界上任何一个国家的市场都无法与这个市场相比。

19. 焦点

新一轮"六方会谈"将于近日在北京举行,这引起了国际社会地广泛关注,因为人们都期望本轮会谈能取得更多实质性的进展,这将十分有利于朝鲜半岛乃至世界的和平稳定。

20. 无一不是

世界五百强已有四百多家进驻长三角地区,谁能说他们不是冲着长三角良好的投资环境和巨大的中国市场而来的呢?

三、句子排列练习

根据你的理解,将下列句子重新排列,如 ADBC 等:

1. A. 组建起七大专业公司
   B. 按照完善和延伸旅游"六大要素"产业链的思路
   C. 并以具有竞争优势的经营品牌为支撑
   D. 新首旅将尽快进行关联性业务的整合

2. A. 因为世博会所创造的收益是无法估算的
   B. 这是一个有目共睹、不容置疑的事实
   C. 举办世博会不仅给上海带来了机遇
   D. 也给中国带来了机遇

3. A. 归根结底
   B. 既然"发展民族工业,支持民族品牌"是中国消费者秉持的信念
   C. 又为什么放弃了对"民族品牌"的支持呢
   D. 民族品牌车还不能赢得消费者的信赖

4. A. 社保基金成为中国石化股票的最后赢家
   B. 而应该有风物长宜放眼量的气魄
   C. 就是一个很好的例子
   D. 我们不应该过分习惯于用短线的眼光看市场

5. A. 优胜劣汰是竞争的法则
   B. 一些中小企业缺乏竞争力被淘汰也是情理之中的事
   C. 而一些实力雄厚的中国房地产商不畏惧竞争
   D. 因为他们还占有"天时、地利、人和"的优势

四、词语搭配练习

根据你的理解,将下列两组词语进行搭配,如 Ah、Gc 等:

A 整合 B 亟待 C 确立 D 何以 E 值得 F 尚未
G 给予 H 缓解 I 随之 J 日益 K 有望 L 颇具

a 地位 b 改进 c 资源 d 达到 e 信赖 f 见得
g 提高 h 压力 i 重视 j 兴旺 k 规模 l 突破

五、词语选择练习

选择恰当的词语填入空格内:

1. 谋求、追求、要求

A. 我们应该为_____世界和平而共同努力。

B. 学校_____同学们自觉遵守考勤制度,不随意缺课。

C. 时尚是年轻人_____的一个特点。

2. 借助、帮助、协助

A. 是你_____我度过了最困难的时候,我衷心地感谢你。

B. 中国将_____申奥、申博成功的大好机遇,进一步增强中华民族的凝聚力。

C. 我们对贵公司进行消防设施检查,请贵公司大力_____为荷。

3. 募集、筹集、收集

A. 为支援灾区人民,政府向广大市民_____钱财、衣物。

B. 王力宏是一名集邮爱好者,他_____了不少世界各国的邮票。

C. 发行股票既提供了投资机会,也是企业_____资金的一种途径。

4. 优势、优异、优先

A. 在路上行走遇到残疾人时,应该让他们_____通过。

B. 虽然你的经验不如他,但你也有自己的_____,比如说年轻、有创新精神。

C. 韩国足球队在2002年世界杯决赛中取得了_____的成绩。

5. 侃侃而谈 异乎寻常 心血来潮 单枪匹马
   无独有偶 浮想联翩 水到渠成 愁眉不展

A. _____,昨天那家饭店刚倒闭,今天这家酒店又歇业了,真是"商场如战场"!

B. 原以为中超联赛不怎么样,谁知一开打就出现了_____的激烈场面。

C. 你怎么能说我是_____呢,到中国去留学是我早就想做的一件事了。

D. 这件事你不能性急,还没到_____的时候,再耐心等等吧。

六、造句练习

用所给的词语写一段意思完整的句子:

> 履行　亟待　随着　日前　无疑　一度　何况　过度
> 不约而同　异乎寻常　水涨船高　无可比拟

七、填词练习

根据报道内容,选择适当的词语填入空格内:

进一步　无论是……还是　仍占　尤其是　总体上　加速　处于
继续　形成　普遍

"我们中国企业_____规模小,各地区还没有_____跨省市的大的连锁集团,商业业态比较落后,_____百货业。"商务部国际贸易经济合作研究院的一名研究员说。商务部外资司司长认为,_____,我国商业的对外开放_____发展期,内资企业_____数量上_____市场份额上,_____绝对主导地位。目前要做的工作是,坚持有序开放的方针,_____推进我国商业的对外开放,_____我国流通现代化。

八、阅读会话练习

根据报道内容简答下列问题:

1. 既然中国旅游业面临危机,为什么段强又认为中国旅游服务企业又具有优势?
2. 世博会一定能给举办城市带来直接盈利吗?为什么?
3. 为什么消费者会放弃对"民族品牌"的支持?
4. 中国目前所面临的就业困境表现在哪些方面?
5. 爱德华寻"饭碗"这个故事从侧面反映出哪些情况和问题?
6. 为什么报道认为三年"保护期"内出现了"对外资过度开放"的现象?
7. 社保基金投资中国石化的前后变化说明了一个什么问题?
8. 看好长三角都市圈的理由是什么?
9. 中国房地产商不畏惧外资企业的原因是什么?
10. 温州企业成立财团有哪些好处?现在存在哪些不足?

生 词 总 汇

A	课序
安营	6
按摩	5
暗示	8
鏖战	1

B	
把握	9
百强县	8
班子	1
颁布	6
半壁江山	8
榜上无名	3
包袱	1
背景	6
被套	7
本不多见	5
本土	6
本土化	9
弊端	1
便捷	8
标榜	7
飙升	9
缤纷绚丽	3
秉持	3
并轨	4
并肩而至	8
波动	7
波澜壮阔	8
不辞辛劳	6
不动产	9
不景气	6
不可限量	7
不妙	7
不起眼	10
不屈不挠	3
不肆张扬	9
不遗余力	9
不约而同	5
不做凤尾	10
布局	8
步履沉重	4
部署	4

C	
财大气粗	1
层面	2
诧异	6
长三角	8
长效	4
闯荡	10
承诺	2
乘数效应	2
吃紧	9
痴心	7
充其量	3
崇尚	7
愁眉不展	10
筹得	2
筹划	10
出炉	6
出谋划策	2
出世	10
穿梭	8
创纪录	7
创始人	7
垂青	3
垂涎三尺	6
此举	10
从事	9
粗放型	4
催化剂	7
催生	6
存量	2

D

打零工	5
打造	1
大好时机	7
大卖场	6
大盘	7
大棋局	8
大树底下好乘凉	8
大腕(儿)	10
大兴土木	10
大展身手	9
大政方针	4
呆坏账	6
单枪匹马	10
担保	4
蛋糕	6
当	9
当务之急	1
档次	10
导入	8
导向	4
底气	10
第一桶金	8
典当行	9
奠定	10
调控	4
调配	1
调适期	9
调研	6
跌破	7
定位	2
动(拆)迁	2
动态	6
都市圈	8
独大	1
独到	8
独家	3
独资	1
短兵相接	6
短线	7
对战	6
咄咄逼人	9

E

二手房	9

F

发人深思	5
发行价	7
法人	1
翻一番	8
反客为主	3
饭碗	5
放大	10
非农领域	4
分类	7
分流	4
纷至沓来	2
风生水起	10
风物长宜放眼量	7
风向标	10
浮出水面	10
浮亏	7
浮想联翩	10
辐射	2
付诸	2
附庸	3
富庶	2
富余	4
赋予	3

G

改制	1
赶集	7
高层	9
高歌猛进	6
告贷无门	9
格局	9
个股	7
跟风	10
跟进	8
公关	2
公私合营	1
公信力	3
公益	4
功不可没	9
攻读	5
拱手相送	3
共鸣	3
共荣共进	8
共识	8
勾勒	8
古玩	1
股民	7

挂牌	10	会展	2	金三角	8
关注	7	活力	7	尽如人意	7
观望	9			进程	8
冠名	3	**J**		经济全球化	5
惯例	6			经济型	2
裹挟	10	机制	4	精华	2
过度	6	跻身	10	精品	10
		激励机制	1	景气	9
H		亟待	1	竞相逐鹿	9
		集群能量	10	境外人士	5
罕见	8	集约型	4	久负盛名	1
毫不为过	8	计划单列市	6	举措	10
豪情满怀	10	技师	4	巨头	6
豪言	6	觊觎	9	聚集	8
何况	7	加盟	8	聚焦	8
何以	3	兼并	4	抉择	3
烘托	10	兼容	2	崛起	9
红火	6	减负	6	均属	10
红利	7	健全	1		
宏观	7	鉴定	4	**K**	
后顾之忧	5	讲演	9		
后续	2	焦点	10	侃侃而谈	10
厚望	10	接洽	5	看好	7
呼风唤雨	10	捷径	3	抗衡	3
户头	7	捷足先登	6	可持续发展	0
沪上	5	截至	8	课题	10
沪深股市	7	解读	4	空城计	10
花费	2	解析	6	空洞	8
华东地区	2	介入	7	空间	8
话里话外	10	届时	3	口碑	3
话题	7	借鸡生蛋	3	跨国公司	5
缓解	4	借助	1	匮乏	2
黄金位置	6	金领	5	困境	4

扩张	9					徘徊	7
		M				排兵布阵	9
L						排行榜	3
		卖点	2			派司	5
拉动	4	漫漫	5			攀升	8
来势	9	没落	6			盘子	1
老一套	6	美誉	10			庞大	
老字号	1	魅力	8			抛绣球	5
烙印	10	密度	10			泡沫	8
类似	6	瞄准	7			烹饪	5
里程碑	3	民企	10			品牌	3
理会	7	敏感	9			平台	8
理念	7	明日黄花	10			凭借	3
理性	8	命名	10			颇为	9
力度	4	模式	7				
利好	4	谋求	1			**Q**	
联动效应	8	母亲河	2				
联手	10	募集	9			齐聚	9
良久	9					齐名	8
亮点	8	**N**				棋盘经济	10
亮相	10					旗下	1
量化	2	内涵	1			迄今	9
寥寥	3	纳入	4			契机	9
劣势	9	乃至	8			千载难逢	2
猎头公司	5	难以置信	6			谦逊	8
流程	1	年	1			签署	6
流量	2	宁做鸡头	10			潜规则	9
流通	6					潜力	4
六成	3	**O**				潜心	5
龙头	8					潜意识	3
履行	1	藕断丝连	4			强化	1
论及	7					强强联手	8
罗列	9	**P**				抢手	8
落户	5	拍卖	8			倾向	3

清单	2					随之	5
清一色	10	**S**					
情有独钟	3					**T**	
驱动	3	散件			3		
全军覆没	10	上马			3	谈得拢	5
全链条	3	上市			1	坦言	6
权威人士	4	上亿			8	淘汰	9
确认	1	尚未			4	提升	8
群雄并存	9	社保基金			7	提速	9
		申办			8	天时、地利	8
R		审时度势			10	贴牌	3
		升级			1	铁定	6
燃眉之急	9	实业运营			10	停滞不动	7
惹眼	8	拾级			8	通气会	2
热点	7	世博会			2	同比	5
热土	5	市场份额			6	统筹	4
热衷	5	适时			10	头衔	10
人才短缺	4	逝去			8	透明	9
人才流失	1	释放			4	凸显	10
人才市场	5	首旅			1	退避三舍	3
人次	2	首选			3	脱胎换骨	10
人脉	9	受益者			9		
认同	3	受制于			3	**W**	
日程	3	枢纽			2		
日渐	10	数家			1	外联内扩	8
日渐式微	6	水到渠成			10	望其项背	8
日前	5	水涨船高			2	为时不晚	9
日趋	4	顺口溜			1	蔚然成风	10
日夜兼程	8	顺理成章			3	闻名于世	10
日益	5	司职			6	问津	3
荣膺	3	四两拨千斤			2	无独有偶	10
融合	2	四席			8	无缝对接	8
瑞蚨祥	1	似曾相识			8	无功而返	5

无可比拟	8	心血来潮	10	银根	9
无形资产	10	欣慰	3	银监会	9
无一不是	10	新规	6	引擎	8
无疑	2	新政	9	印证	8
务实	8	信赖	3	迎合	3
务虚	8	许可证	5	赢家	7
误认为	3	寻觅	9	应对	6
				优惠政策	6
X		**Y**		幽默	7
				有心无力	10
息息相关	2	眼下	10	有形资产	10
悉数	6	央视	3	有序开放	6
熙熙攘攘	1	要素	1	诱发	2
洗礼	9	要旨	9	诱惑	8
下跌	7	业态	6	与时俱进	2
下岗	4	一朝一夕	3	预期	4
下旬	7	一旦	3	誉为	8
下属	1	一度	7	源头	4
先机	8	一晃而过	8	跃跃欲试	6
先天	9	一技之长	5	云集	2
衔接	1	一体化	8	运作	2
显而易见	2	一味	3	酝酿	10
相当多	5	一系列	5	蕴涵	10
相得益彰	3	一心一意	8		
相对应	3	一拥而入	9	**Z**	
相对于	4	一则	5		
相互拆台	8	一字排开	10	再就业	4
相继	6	一字之差	10	再造	1
香饽饽	8	遗憾	3	增值税	8
享用	5	以邻为壑	8	债转股	6
挟财自重	10	异常	8	掌门人	1
携手	9	异乎寻常	10	账面	7
心病	4	意在	5	招标	10

折戟沉沙	7	中汽协会	3	转股改制	10
折射	5	钟爱	5	追逐	3
针对	7	重仓	7	准入	6
整合	1	诸多	4	咨询	5
正当时	7	逐年	5	资本运营	10
证监会	7	主导	6	资格	5
支撑	1	主辅分离	4	自成体系	10
职业介绍所	5	主管部门	5	自主	3
指数	7	主流	5	综合实力	8
制约	7	主业	5	纵观	2
致力于	8	注重	7	纵横江湖	10
滞后	8	著称于世	10	租赁	1
中坚力量	9	专题研究	10	佐证	8
中介	9	专业对口	5	作茧自缚	3

附录一　外商投资法律法规介绍

外国人在中国就业管理规定

劳动部　公安部　外交部　对外贸易经济合作部

（摘　录）

▲ 本规定所称外国人，指依照《中华人民共和国国籍法》规定不具有中国国籍的人员。

▲ 本规定所称外国人在中国就业，指没有取得定居权的外国人在中国境内依法从事社会劳动并获取劳动报酬的行为。

▲ 用人单位聘用外国人须为该外国人申请就业许可，经获准并取得《中华人民共和国外国人就业许可证书》（以下简称许可证书）后方可聘用。

▲ 用人单位不得聘用外国人从事营业性文艺演出，但经文化部批准持《临时营业演出许可证》进行营业性文艺演出的外国人除外。

▲ 外国人在中国就业须具备下列条件：

年满18周岁，身体健康；具有从事其工作所必须的专业技能和相应的工作经历；无犯罪记录；有确定的聘用单位；持有有效护照或能代替护照的其他国际旅行证件（以下简称代替护照的证件）。

▲ 在中国就业的外国人应持职业签证入境（有互免签证协议的，按协议办理），入境后取得《外国人就业证》（以下简称就业证）和外国人居留证件，方可在中国境内就业。

▲ 未取得居留证件的外国人（即持F、L、C、G字签证者）、在中国留学、实习的外国人及持职业签证外国人的随行家属不得在中国就业。特殊情况，应由用人单位按本规定规定的审批程序申领许可证书，被聘用的外国人凭许可证书到公安机关改变身份，办理就业证、居留证后方可就业。

▲ 获准来中国就业的外国人，应凭劳动部签发的许可证书、被授权单位的通知函电及本国有效护照或能代替护照的证件，到中国驻外使、领馆处申请职业签证。

▲ 就业证只在发证机关规定的区域内有效。

▲ 已办理就业证的外国人，应在入境后三十日内，持就业证到公安机关

申请办理居留证。居留证件的有效期限可根据就业证的有效期确定。

▲ 用人单位与被聘用的外国人应依法订立劳动合同。劳动合同的期限最长不得超过五年。劳动合同期限届满即行终止，但按本规定第十九条的规定履行审批手续后可以续订。

▲ 用人单位与被聘用的外国人发生劳动争议，应按照《中华人民共和国劳动法》和《中华人民共和国企业劳动争议处理条例》处理。

▲ 禁止个体经济组织和公民个人聘用外国人。

▲ 本规定自1996年5月1日起开始施行。

合格境外机构投资者境内证券投资管理暂行办法

中国证券监督管理委员会、中国人民银行令第12号

（摘　录）

▲ 本办法所称合格境外机构投资者（以下简称合格投资者），是指符合本办法规定的条件、经中国证券监督管理委员会（以下简称中国证监会）批准投资于中国证券市场，并取得国家外汇管理局（以下简称国家外汇局）额度批准的中国境外基金管理机构、保险公司、证券公司以及其他资产管理机构。

▲ 合格投资者应当委托境内商业银行作为托管人托管资产，委托境内证券公司办理在境内的证券交易活动。

▲ 外资商业银行境内分行在境内持续经营三年以上的，可申请成为托管人。

▲ 为引入中长期投资，对于符合本办法第六条规定的封闭式中国基金或在其他市场有良好投资记录的养老基金、保险基金、共同基金的管理机构，予以优先考虑。

▲ 合格投资者在经批准的投资额度内，可以投资下列人民币金融工具：

（一）在证券交易所挂牌交易的除境内上市外资股以外的股票；

（二）在证券交易所挂牌交易的国债；

（三）在证券交易所挂牌交易的可转换债券和企业债券；

（四）中国证监会批准的其他金融工具。

▲ 合格投资者可以委托在境内设立的证券公司,进行境内证券投资管理。

▲ 每个合格投资者只能委托一个投资机构。

▲ 合格投资者的境内证券投资,应当遵守下列规定:

(一)单个合格投资者对单个上市公司的持股比例,不超过该上市公司股份总数的百分之十;

(二)所有合格投资者对单个上市公司的持股比例总和,不超过该上市公司股份总数的百分之二十。

中国证监会根据证券市场发展情况,可以调整上述比例。

▲ 合格投资者经国家外汇局批准,应当在托管人处开立一个人民币特殊账户。

人民币特殊账户的资金不得用于放款或者提供担保。

▲ 香港特别行政区、澳门特别行政区、台湾地区设立的机构投资者到内地从事证券投资的,适用本办法的规定。

▲ 本办法自2002年12月1日起施行。

外商投资商业领域管理办法

商务部令2004年第8号

(摘　录)

▲ 外商投资商业企业是指从事以下经营活动的外商投资企业:

(一)佣金代理:货物的销售代理商、经纪人或拍卖人或其他批发商通过收取费用在合同基础上对他人货物进行的销售及相关附属服务;

(二)批发:对零售商和工业、商业、机构等用户或其他批发商的货物销售及相关附属服务;

(三)零售:在固定地点或通过电视、电话、邮购、互联网络、自动售货机,对于供个人或团体消费使用的货物的销售及相关附属服务;

(四)特许经营:为获取报酬或特许经营费通过签订合同授予他人使用其商标、商号、经营模式等。

外商投资者必须通过在中国境内设立的外商投资企业从事上述经营活

动。

鼓励具有较强的经济实力、先进的商业经营管理经验和营销技术、广泛的国际销售网络的外国投资者举办外商投资商业企业。

▲ 符合条件的外商投资商业企业可以在中国境内开设店铺。

▲ 外商投资商业企业可以经营下列业务：

（一）从事零售业务的外商投资商业企业：

1. 商品零售；2. 自营商品进口；3. 采购国内产品出口；4. 其它相关配套业务。

（二）从事批发业务的外商投资商业企业：

1. 商品批发；2. 佣金代理（拍卖除外）；3. 商品进出口；4. 其它相关配套业务。

外商投资商业企业可以授予他人以特许经营方式开设店铺。

外商投资商业企业经批准可以从事以上一种或几种销售业务。

拟设立外商投资商业企业的投资者、申请开设店铺的已设立的外商投资商业企业持由商务部颁发的《外商投资企业批准证书》向工商行政管理机关办理登记手续。

▲ 外商投资商业企业经营国家有特殊规定的商品以及涉及配额、许可证管理的进出口商品，应当按照国家有关规定办理手续。

▲ 2004年12月11日起，允许设立外资商业企业。

▲ 从事零售的外商投资商业企业及其店铺的设立自2004年12月11日以后，取消地域限制。

▲ 从事批发的外商投资商业企业自本办法实施之日起取消地域限制。

▲ 鼓励外商投资商业企业加入有关行业协会，加强企业自律。

设立外商控股、外商独资旅行社暂行规定

国家旅游局、商务部第19号令（2003.06.12颁布）

（摘　录）

▲ 设立外商控股旅行社的境外投资方，应符合下列条件：

（一）是旅行社或者是主要从事旅游经营业务的企业；

（二）年旅游经营总额 4000 万美元以上。

▲ 设立外商独资旅行社的境外投资方的年旅游经营总额应在 5 亿美元以上。

▲ 设立的外商控股或外商独资旅行社的注册资本不少于 400 万元人民币。

▲ 符合条件的境外投资方可在经国务院批准的国家旅游度假区及北京、上海、广州、深圳、西安 5 个城市设立控股或独资旅行社。

▲ 每个境外投资方申请设立外商控股或外商独资旅行社，一般只批准成立一家。

▲ 外商控股或独资旅行社不得经营或变相经营中国公民出国旅游业务以及中国其他地区的人赴香港、澳门特别行政区和台湾地区旅游的业务。

▲ 本规定自公布日起三十日后开始施行。

中外合资人才中介机构管理暂行规定

人事部、商务部、国家工商行政管理总局令（第 2 号）

（摘　录）

▲ 本规定所称中外合资人才中介机构，是指外国开展人才中介服务的公司、企业和其他经济组织与中国开展人才中介服务的公司、企业和其他经济组织，在中国境内依法合资成立的人才中介机构。

▲ 拟在中国境内从事人才中介服务活动的外方出资者应当是从事三年以上人才中介服务的外国公司、企业和其他经济组织；必须与成立三年以上的中国人才中介机构合资经营，设立专门的人才中介机构，不得设立外商独资人才中介机构。

▲ 申请设立中外合资人才中介机构的必须有 5 名以上具有大专以上学历并取得人才中介服务资格证书的专职人员；有与其申请的业务相适应的固定场所、资金和办公设施。

▲ 申请设立中外合资人才中介机构必须在领取省、自治区、直辖市人民政府人事行政部门颁发的《人才中介服务许可证》及依法向商务部门办理批准手续和向工商行政管理部门办理登记手续后方可从事中介经营活动。

▲ 省、自治区、直辖市人民政府人事行政部门根据中外合资人才中介机构的资金、人员和管理水平情况,在下列业务范围内,核准其开展一项或多项业务:

人才供求信息的收集、整理、储存、发布和咨询服务;人才推荐;人才招聘;人才测评;中国境内的人才培训;法规、规章规定的其他有关业务。

▲ 中外合资人才中介机构不得招聘下列人才出境:

正在承担国家、省级重点工程、科研项目的技术和管理人员,未经单位或主管部门同意的;在职国家公务员;由国家统一派出而又未满轮换年限的支援西部开发的人员;在岗的涉密人员和离岗脱密期未满的涉密人员;有违法嫌疑正在依法接受审查尚未结案的人员;法律、法规规定暂时不能流动的其他特殊岗位的人员或者需经批准方可出境的人员。

▲ 中外合资人才中介机构在中国境内从事涉及外籍人员业务活动的,按有关规定执行。

▲ 本规定自 2003 年 11 月 1 日起施行。

外商投资图书、报纸、期刊分销企业管理办法

新闻出版总署、对外贸易经济合作部令第 18 号

(摘　录)

▲ 本办法所称图书、报纸、期刊是指经国务院出版行政部门批准的出版单位出版的图书、报纸、期刊。

▲ 本办法所称分销业务,是指图书、报纸、期刊的批发和零售。

▲ 本办法所称外商投资图书、报纸、期刊分销企业,是指外国企业、其他经济组织或者个人(以下简称外国投资者)经中国政府有关部门依法批准,在中国境内设立的中外合资、中外合作,以及在中国境内设立的独资图书、报纸、期刊分销企业。

▲ 外国投资者参股或并购内资图书、报纸、期刊分销企业,是设立外商投资图书、报纸、期刊分销企业的一种方式。

▲ 申请人持《外商投资企业批准证书》和《出版物经营许可证》向所在地工商行政管理部门依法领取营业执照后,方可从事图书、报纸、期刊的分销业

务。

▲ 外商投资图书、报纸、期刊分销企业按规定办理审批手续后,可从事网上销售、连锁经营和读者俱乐部等业务。

▲ 香港特别行政区、澳门特别行政区、台湾地区的投资者在其他省、自治区、直辖市设立图书、报纸、期刊分销企业,适用本办法。

▲ 本办法自2003年5月1日起施行。

▲ 本办法中关于设立外商投资图书、报纸、期刊批发企业的规定自2004年12月1日起施行。

外商投资广告企业管理规定

国家工商行政管理总局 商务部令(第8号)(2004.03.02颁布)

(摘 录)

▲ 本规定所称外商投资广告企业,是指依法经营广告业务的中外合资经营企业、中外合作经营企业(中外合资经营企业、中外合作经营企业本规定合称为中外合营广告企业,以下同),以及外资广告企业。

▲ 外商投资广告企业符合规定条件,经批准可以经营设计、制作、发布、代理国内外各类广告业务。

▲ 设立中外合营广告企业应具备以下条件:

(一) 合营各方应是经营广告业务的企业;

(二) 合营各方须成立并运营二年以上;

(三) 有广告经营业绩。

设立中外合营广告企业由中方主要合营者办理相关的设立申请手续。获准后,持国家工商行政管理总局或其授权的省级工商行政管理局颁发的《外商投资广告企业项目审定意见书》、省级商务主管部门颁发的《外商投资企业批准证书》及法律、法规规定的其他文件,按企业登记注册的有关规定,向国家工商行政管理总局或有外商投资企业核准登记权的地方工商行政管理局办理企业登记注册手续。

▲ 设立外资广告企业应具备以下条件:

(一) 设立外资广告企业的投资方应是经营广告业务为主的企业;

（二）投资方应成立并运营三年以上。

设立外资广告企业由外国投资者办理相关的设立申请手续。获准后，持国家工商行政管理总局颁发的《外商投资广告企业项目审定意见书》和商务部颁发的《外商投资企业批准证书》及法律、法规规定的其他文件，按企业登记注册的有关规定，向国家工商行政管理总局申请办理企业登记注册手续。

▲ 外商投资设立广告企业可委托具有相应资格的中介服务代理机构代为办理申报手续。

▲ 自本规定施行之日起允许外资拥有中外合营广告企业多数股权，但股权比例最高不超过70%；

▲ 2005年12月10日起，允许设立外资广告企业。

外商投资建筑业企业管理规定

建设部 对外贸易经济合作部令 [第113号]

（摘　录）

▲ 本规定所称外商投资建筑业企业，是指根据中国法律、法规的规定，在中华人民共和国境内投资设立的外资建筑业企业、中外合资经营建筑业企业以及中外合作经营建筑业企业。

▲ 外国投资者在中华人民共和国境内设立外商投资建筑业企业，并从事建筑活动，应当依法取得对外贸易经济行政主管部门颁发的外商投资企业批准证书，在国家工商行政管理总局或者其授权的地方工商行政管理局注册登记，并取得建设行政主管部门颁发的建筑业企业资质证书。

▲ 外商投资申请设立的建筑业企业资质有以下几种：

总承包序列特级和一级资质；专业承包序列一级资质；总承包序列和专业承包序列二级及二级以下资质；劳务分包序列资质的。

▲ 中外合资经营建筑业企业、中外合作经营建筑业企业中方合营者的出资总额不得低于注册资本的25%。

▲ 外资建筑业企业只允许在其资质等级许可的范围内承包下列工程：

（一）全部由外国投资、外国赠款、外国投资及赠款建设的工程；

（二）由国际金融机构资助并通过根据贷款条款进行的国际招标授予的

建设项目；

（三）外资等于或者超过50%的中外联合建设项目；及外资少于50%,但因技术困难而不能由中国建筑企业独立实施,经省、自治区、直辖市人民政府建设行政主管部门批准的中外联合建设项目；

（四）由中国投资,但因技术困难而不能由中国建筑企业独立实施的建设项目,经省、自治区、直辖市人民政府建设行政主管部门批准,可以由中外建筑企业联合承揽。

▲ 本规定自2002年12月1日起施行。

中华人民共和国中外合作办学条例

（2003年3月1日中华人民共和国国务院令第372号发布）

（摘　录）

▲ 外国教育机构同中国教育机构(以下简称中外合作办学者)在中国境内合作举办以中国公民为主要招生对象的教育机构（以下简称中外合作办学机构)的活动,适用本条例。

▲ 国家鼓励引进外国优质教育资源的中外合作办学，鼓励在高等教育、职业教育领域开展中外合作办学，鼓励中国高等教育机构与外国知名的高等教育机构合作办学。

▲ 中外合作办学者可以合作举办各级各类教育机构,实施本科以上高等学历教育、高等专科教育和非学历高等教育、中等学历教育和自学考试助学、文化补习、学前教育、职业技能培训等。但是,不得举办实施义务教育和实施军事、警察、政治等特殊性质教育的机构。

▲ 中外合作办学机构的校长或者主要行政负责人,应当具有中华人民共和国国籍,在中国境内定居。

▲ 中外合作办学机构聘任的外籍教师和外籍管理人员,应当具备学士以上学位和相应的职业证书,并具有2年以上教育、教学经验。

▲ 中外合作办学机构根据需要,可以使用外国语言文字教学,但应当以普通话和规范汉字为基本教学语言文字。

▲ 实施高等学历教育的中外合作办学机构招收学生,纳入国家高等学校

招生计划。实施其他学历教育的中外合作办学机构招收学生,按照省、自治区、直辖市人民政府教育行政部门的规定执行。

▲ 中外合作办学机构招收境外学生,按照国家有关规定执行。

▲ 中外合作办学机构实施学历教育的,可以按照国家有关规定颁发学历证书、学业证书、学位证书、结业证书,以及国家职业资格证书等。

▲ 中外合作办学机构颁发的外国教育机构的学历、学位证书,应当与该教育机构在其所属国颁发的学历、学位证书相同,并在该国获得承认。

▲ 中国对中外合作办学机构颁发的外国教育机构的学历、学位证书的承认,依照中华人民共和国缔结或者加入的国际条约办理,或者按照国家有关规定办理。

▲ 香港特别行政区、澳门特别行政区和台湾地区的教育机构与内地教育机构合作办学的,参照本条例的规定执行。

▲ 外国教育机构、其他组织或者个人不得在中国境内单独设立以中国公民为主要招生对象的学校及其他教育机构。

▲ 本条例自2003年9月1日起施行。

外商投资电影院暂行规定

国家广播电影电视总局令(第21号)

(摘　录)

▲ 本规定适用于外国的公司、企业和其他经济组织或个人(以下简称合营外方)按照平等互利的原则,经中国政府批准,同中国境内的公司、企业(以下简称合营中方)设立中外合资、合作企业,新建、改造电影院,从事电影放映业务。

▲ 外商不得设立独资电影院,不得组建电影院线公司。

▲ 中外合资电影院,合营中方在注册资本中的投资比例不得低于51%;对全国试点城市:北京、上海、广州、成都、西安、武汉、南京市中外合资电影院,合营外方在注册资本中的投资比例最高不得超过75%;

合资、合作期限不超过30年。

▲ 经商务部、国家广播电影电视总局、文化部备案,对批准设立的外商投

资企业颁发《外商投资企业批准证书》。获批准设立的外商投资电影院持《外商投资企业批准证书》到省级工商行政部门办理注册登记手续。

外商投资电影院完成建设、改造任务后,经有关部门验收合格,持《外商投资企业批准证书》、《营业执照》向省级电影行政部门申领《电影放映经营许可证》,方可从事电影放映业务。

▲ 外商投资电影院放映的影片必须持有国家广播电影电视总局颁发的《电影片公映许可证》,不准放映走私、盗版电影,不得从事营业性的录像、VCD、DVD 的放映。

外商投资电影院附属从事其他娱乐服务业务要符合国家有关规定。

▲ 香港特别行政区、澳门特别行政区和台湾地区的投资者在内地设立从事电影放映业务的企业参照本规定办理。

本规定及其附件自 2004 年 1 月 1 日起施行。

附录二 相关网站推荐

国家、政府网

中华人民共和国全国人民代表大会(全国人大)

http://www.npc.gov.cn/

中国人民政治协商会议(全国政协)

http://www.eppcc.gov.cn/

国务院办公厅

http://www.china.org.cn/

中国政府上网工程

http://www.govonline.cn/

中国政府网

http://wwwl.cei.gov.cn/govinfo/

国务院发展和改革委员会

http://www.sdpc.gov.cn/

国务院发展研究中心

http://www.drc.gov.cn/

国务院国有资产监督管理委员会(国资委)

http://www.sasac.gov.cn/index.html

国家经济贸易委员会(经贸委)

http://www.setc.gov.cn/index.htm

国家财政部

http://www.mof.gov.cn/

国家商务部

http://www.mofter.gov.cn/

国家国土资源部

http://www.mlr.gov.cn/

国家劳动和社会保障部

http://www.molss.gov.cn/

国家公安部

http://www.mps.gov.cn/

国家信息产业部

http://www.mii.gov.cn/

国家外汇管理局
http://www.safe.gov.cn/

国家工商局
http://www.saic.gov.cn/

国家统计局
http://www.stats.gov.cn/

国家知识产权局
http://www.sipo.gov.cn/

国家技术质量监督局
http://www.cpi.gov.cn/

中国海关总署
http://www.cusfoms.gov.cn/

中国人民银行
http://www.pbc.gov.cn/

中国证券监督管理委员会(证监会)
http://www.csre.gov.cn/cn/hompage/index.jsp

中国银行业监督管理委员会(银监会)
http://www.brc.gov.cn/

中国保险监督管理委员会(保监会)
http://www.circ.gov.cn/

国家信息中心
http://www.sic.gov.cn/

中国消费者协会(消协)
http://www.cca.org.cn/

地方政府网

北京市人民政府
http://www.beijing.gov.cn/

天津市人民政府
http://www.tj.gov.cn/

上海市人民政府

http://www.shanghai.gov.cn/
重庆市人民政府
http://www.cq.gov.cn/
武汉市人民政府
http://www.wh.gov.cn/
广州市人民政府
http://www.gz.gov.cn/
南京市人民政府
http://www.nanjing.gov.cn/
杭州市人民政府
http://www.hangzhou.gov.cn/
大连市人民政府
http://www.dalian.gov.cn/index.htm
青岛市人民政府
http://www.qingdao.gov.cn/default.nsf

法律网

中国法律法规信息检索系统
http://202.99.23.199/home/begin.cbs
中国法律资源网
http://www.lawbase.com.cn/
中国投资法律网
http://www.chinainvestlaw.com/
中国消费者热线—315 投诉
http://www.88e.com.cn/315/

新闻媒体网

新华网
http://www.xinhuanet.com/
人民网
http://www.people.com.cn/
中国网

http://www.china.com.cn/

中国新闻网

http://www.chinanews.com/

中国新闻图片网

http://www.cnsphoto.com/

中央电视台新闻网

http://www.cctv.com/news/

中国国际广播电台

http://www.cri.com.cn/

中国互联网新闻中心

http://www.china.org.cn/engish/index.htm/

中国搜索联盟

http://union.zhongsou.com/

东方网

http://www.eastday.com/

南方网

http://www.southcn.com/

中国西部网

http://www.xibunet.com/

北方网

http://news.enorth.com.cn/

凤凰网

http://www.phoenixtv.com/

中国报刊网

http://www.china-bk.com/

人民日报

http://www.peopledaily.com.cn/

解放日报

http://www.jfdaily.com.cn/

光明日报

http://www.gmw.cn/

南方日报

http://www.nanfangdaily.com.cn/southnews/

天津日报

http://www.tianjindaily.com.cn/

京华时报

http://www.beijingtimes.com.cn/

北京报网

http://www.bjd.com.cn/

中国日报

http://www.chinadaily.com.cn/engish/home/index.html

报刊网

经济日报

http://www.chinaecnomy.ce.cn/nol/

中国信息报

http://www.zgxxbcom.cn/

经济参考报

http://jjckb.xinhuanet.com/www/index.shfml

经济观察报

http://www.eobserver.com.cn/

金融时报

http://www.financiahnews.com.cn/

国际金融报

http://www.people.com.cn/GB/paper66/index.html

中国消费者报

http://www.zxrs.com/

中国经营报

http://www.cb.com.cn/

中国证券报

http://www.cs.com.cn/

中国房地产报

http://www.zgfdcb.com/

中国汽车报

http://www.cnautonews.com/anews/

中国电子报
http://www.cena.com.cn/

中国大学网

中国高校网
http://www.china-school.net/
北京大学
http://www.pku.edu.cn/
清华大学
http://www.tsinghua.edu.cn/
复旦大学
http://www.fudan.edu.cn/
南京大学
http://www.nju.edu.cn/
浙江大学
http://www.zju.edu.cn/
中国科技大学
http://www.ustc.edu.cn/
上海交通大学
http://www.sjtu.edu.cn/
天津大学
http://www.tju.edu.cn/
北京航空航天大学
http://www.buaa.edu.cn/
南开大学
http://www.nankai.edu.cn/
吉林大学
http://www.jlu.edu.cn/
哈尔滨工业大学
http://www.hit.edu.cn/v2/
武汉大学
http://www.whu.edu.cn/

中国人民大学
http://www.ruc.edu.cn/
中山大学
http://www.zsu.edu.cn/
四川大学
http://www.211.147.205.74/scu2003/Default.htm
兰州大学
http://www.lzu.edu.cn/

经济信息网

中国国情网
http://www.china-ns.com/
中国企业网
http://www.ce.net.cn/
中国工业网
http://www.industrychina.net/
中华零售网
http://www.i18.cn/
中国消费网
http://www.ccn.com.cn/news/index.php
中华工商网
http://www.chinachamber.com.cn/
中国外经贸网
http://www.chinamarket.com.cn/c/
中国私营经济信息网
http://www.cpe.com.cn/
中国外资网
http://www.chinafiw.com/
外企中国
http://www.chinaexcite.com/china/indexl.htm
中国商品交易中心
http://www.ccec.com.cn/new/china/index.htm

中国证券网

http://www.cnsfock.com/

中国期货网

http://www.qhdb.com.cn/

中国房地产资讯网

http://www.estate-china.com/

中国汽车网

http://www.chinacars.com/

中国电子信息网

http://www.ceic.gov.cn/

中国医药信息网

http://www.cintcm.ac.cn/

中国旅游网

http://www.cnta.com/

中国酒店热线

http://www.chinahotel-online.com/

中国广告信息网

http://www.chinaad114.com/

中银网

http://www.cfn.com.cn/

中国长江信息网

http://www.chinacj.cn/

中国义乌小商品网

http://www.ywbb.com/

中国菜指南

http://www.ccicp.com/

中国礼品网

http://www.zglp.cn.gs/

易趣网(网上交易)

http://www.eachnet.com/

新华书店

http://www.xinhuabookshop.com/

中国古籍

http://pastbook.myrice.com/

中国文学

http://wenxue.tom.com/

求职网

中国人才网

http://www.chinatalent.com.cn/

中国求职网

http://www.job365.cn/

北京人才在线

http://www.fesco.com.cn/

上海人才在线

http://www.shrencai.com/

民营企业网

四川新希望集团

http://www.newhopegroup.com/

大连实德集团

http://www.shide.com.cn/

上海复星高科技(集团)有限公司

http://www.fosun.com/

温州中驰财团

http://www.chnche.com/

浙江万向集团

http://www.wanxiang.com.cn/

黑龙江东方集团实业股份有限公司

http://www.china-orient.com/

浙江广厦控股创业投资有限公司

http://www.iitim.com/show/guangsha/gsgf-index.htm

温州正泰集团

http://www.chint.com/

西安海星科技实业集团公司

http://www.seastar.com.cn/

江苏苏宁电器集团

http://www.cnsuning.com/index.jsp

汽车企业网

北京现代汽车有限公司

http://www.beijing-hyundai.com.cn/looknew/index.asp

丰田汽车(中国)投资有限公司

http://www.foyota.com.cn/

广州本田汽车公司

http://www.guangzhouhonda.com.cn/

长安汽车(集团)有限公司

http://www.changan.com.cn/

中国第一汽车集团公司

http://www.faw.com.cn/

上海大众汽车有限公司

http://www.csvw.com/csvw/index.htm

上海通用汽车有限公司

http://www.shanghaigm.com/about/index.jsp

沈阳华晨金杯汽车有限公司

http://www.jinbei.com/

天津一汽夏利汽车股份有限公司

http://www.tjfaw.com.cn/

神龙汽车有限公司

http://www.dpca.com.cn/index.htm

房地产企业网

万科企业股份有限公司

http://www.vanke.com/

上海陆家嘴(集团)有限公司

http://www.shld.com/

北京天鸿集团公司

http://www.f-h-g.com.cn/
首创置业股份有限公司
http://www.capitalgroup.com.cn/
广州市恒大实业集团有限公司
http://www.job168.com/talent/logo_emloy/2003-9/hengda
合生创展集团有限公司
http://www.hopsen.com.cn/
北京城建投资发展股份有限公司
http://www.bucid.com/
上海绿地集团
http://www.greenlandsc.com/
广州富力集团
http://www.rfchina.com/
中信华南集团有限公司
http://www.gdfdc.com/hy-hnpq-htm

电子企业网

海尔集团公司
http://www.haier.com/indexc800.asp
联想控股有限公司
http://www.leonovo.com/index.html
TCL(集团)股份有限公司
http://www.tcl.com.cn/china/index.jsp
上海广电(集团)有限公司
http://www.sva.com.cn/
熊猫电子集团有限公司
http://www.chinapanda.com.cn/index.jsp
海信集团有限公司
http://www.hisense.com/index.jsp
华为技术有限公司
http://www.huawei.com.cn/index.shtml
北京北大方正集团公司
http://www.founderpku.com/

广东美的集团股份有限公司
http://www.chinamd.com/
中兴通讯股份有限公司
http://www.zte.com.cn/index.jsp

零售企业网

华联集团有限公司
http://www.hualiangroup.cn/
大连商场集团公司
http://www.lncei.gov.cn/
北京国美电器有限公司
http://www.guomei.com.cn/
上海农工商超市有限公司
http://www.ngs1685.com/
武汉市武商集团股份有限公司
http://www.114hy.com/businessmember/bm_details.asp
重庆商社(集团)有限公司
http://www.cqinfo.net/qy/smfw/cqssjtyxgs.htm
天津劝业华联集团有限公司
http://www.tjcw.com/quan-hua/leaders-intro.htm
北京王府井百货(集团)股份有限公司
http://www.wfj.com.cn/
华润万佳有限公司
http://www.king123.com/ysztc/building/sanming/union/wj.php
上海豫园旅游商城股份有限公司
http://www.yuyuantm.com.cn/